# 格物学

孙仲兹 著

九州出版社 JIUZHOUPRESS | 全国百佳图书出版单位

**图书在版编目（CIP）数据**

格物学 / 孙仲兹著. -- 北京 ：九州出版社，
2021.1

ISBN 978-7-5108-9700-9

Ⅰ．①格… Ⅱ．①孙… Ⅲ．①哲学－研究－中国
Ⅳ．①B2

中国版本图书馆CIP数据核字(2020)第206605号

**格物学**

| | | |
|---|---|---|
| 作 者 | 孙仲兹 著 | |
| 出版发行 | 九州出版社 | |
| 地 址 | 北京市西城区阜外大街甲 35 号 (100037) | |
| 发行电话 | (010)68992190/3/5/6 | |
| 网 址 | www.jiuzhoupress.com | |
| 电子信箱 | jiuzhou@jiuzhoupress.com | |
| 印 刷 | 三河市九洲财鑫印刷有限公司 | |
| 开 本 | 720 毫米×1020 毫米 16 开 | |
| 印 张 | 16.75 | |
| 字 数 | 160 千字 | |
| 版 次 | 2021 年 1 月第 1 版 | |
| 印 次 | 2021 年 1 月第 1 次印刷 | |
| 书 号 | ISBN 978-7-5108-9700-9 | |
| 定 价 | 58.00 元 | |

近年来，"建立中国式的学术话语体系"一类呼吁，时而得闻。吊诡的是，这一问题可能是一个真问题，而所谓的"话语体系"的提法却又极其"洋泾浜"——如何使用相对平实自然的现代汉语表述方式，重新透视传统思想资源，建构中国精神史，使之有效地与当下的生活世界富有关联？这确是一个真问题。

孙仲兹的《格物学》一书，超越时下学院派作品常见的夹缠不清、中西不明的语词堆砌之弊，别开生面，以朴实自然的运思方式，从形上视角直探格物诸维，为易学的现代衍续提供了一个独特的思想角度，深值好学审思之士重视。

北京大学教授、高等人文研究院世界宗教中心主任

杨煦生

孙仲兹所作《格物学》一书，以《易》所载形而上学为本，行格物之实，以究天地万物之道，以明人事变常之理。其书深入堂奥，所论多有前人未发之处，所得多有追本溯源之功，故郑重推荐。

西南交通大学中文系副教授
廖恒

# 目　录

序 / 1

形而上学篇 / 1

为物与生物 / 3

物宜 / 11

神明 / 19

造物 / 25

二元造物表 / 29

物理篇 / 31

不易 / 33

无形 / 38

至大 / 45

至纯 / 51

至生 / 55

专直 / 67

至疾 / 89

不已 / 95

附录：理学 / 103


人篇 / **123**

两仪 / 125

乾坤 / 134

先王之道 / 141

乾道之知 / 149

人心 / 154

附录：地外文明与人工智能 / 166


美学篇 / **169**

不易 / 171

无形 / 179

至大 / 187

至纯 / 195

至生 / 201

专直 / 209

至疾 / 226

不已 / 232

美感 / 239

美感与快感 / 245

# 序

书名叫作《格物学》，这是一本带人以格物视角认识世界的书。

对格物的所指，古今之人聚讼不已，各家的见解虽殊，却大抵皆失于深奥。格物可以使人深奥，但格物本身一定不深奥，盖高明必积平实而至，故而格物也只当是平实工夫。

所谓格物，就是详察众物之实情，又由此引而伸之，触类而长之，即众物之实情而见其极则。

格物是人类不学而能的本领，正因为日用而不知，人们对它也一向疏于训练，更难由此至于深广之域。不过，相较于其他认识世界的方式，格物能使人收获可靠的形下知识而不是它们的代用品；与此同时，格物更能使人收获关于形而上的知识。换言之，尽管人皆生活在万物之中，其自身也是一物，人却难以理解物是什么。不理解物是什么，人便不足以真正理解自身与自然，而一旦理解物是什么，人便将同时理解道是什么。

格物须致力于下学，介绍格物之学的书却宜反其道而行之。为引纲张目，本书的第一部分是据《周易》讲述形而上学，一种可以说最新也不妨说最古的形而上学。

说这种形而上学最新，因为自东周以降，还未曾有学者阐述过它；说这种形而上学最古，因为若没有这种学问，非止先王之道无由一贯，庖牺氏也无以分阴阳、画八卦。

《系辞传》言：

> 昔者庖牺氏之王天下也，仰则观象于天，俯则观法于地，观鸟兽之文与地之宜，近取诸身，远取诸物，于是始作八卦，以通神明之德，以类万物之情。

庖牺氏的所得之所以亘古不易，因为经验可以骗人，学问也可以骗人，万物却只是难知而已，虽然难知，它们却至诚无息，永远为人提供着可信的知识，也唯有它们能将形而上者指示给人看。形而上者在形上世界，形而上学却不在形上世界，舍万物则无以知形而上者，不妨说，形下世界就是形而上学之全体。

庖牺氏由格物上通下贯，这既是中国文化的肇端之处，也是中国文化的建极之处。其后的数千年间，这种学问与时偕行，随王者之迹而不断成能于世，它使中国成为天下的乾道之国，也确然安顿了先民生活的方方面面。

时至东周，王风不复，后人渐渐失去了对先王形而上学的记忆，格物之学也一并失落。尽管先时的传统仍在流衍，它却因失去了源头而日渐干涸。当其时，失忆的中国学术仿佛退回婴儿时期，它不得不重新学步，像希腊学风初起的时代一样拙稚。孔子生不见用，于是远绍先王，将这种形而上学完整保存在《十翼》之中，其用心，或许是期望它在某天可以再度成能于世？对今日这个坤道僭越已甚的世界而言，它实可视作孔子及历代先王留给人们的礼物，它也是人们能得到的最好的礼物。

人类所知的形而上学虽多，它们却常常是一类自洽而虚悬的学问，不能使人由此而明于庶物、察于人伦，亦即并无开物成务之能。真正的形而上学则不如此，它必定即天地人文而展示其自身，也因此而能够经贯一切学科、助人理解一切现象，是所谓"范围天地之化而不过，曲成万物而不遗"者。

因此，在介绍先王的形而上学之余，笔者也据这种学说重新阐释了三个学科，它们分别是物理之学、心性之学以及美学。所谓重新阐释，就是对这三门旨在求真、善与美的学科加以匡定并开出新知，这三部分构成了本书的主体内容，它们也自三个不同角度对先王形而上学进行了证实。

对于形而上学，经文之中有迹可践，本书的介绍或不失大体。对三门具体学科，笔者自问见识皆浅，若有差缪，请读者不吝指教。

写作余暇，笔者常能想起儿时父亲教我画卦的情景，母亲的叮咛也向未离开耳畔，笔者请将这本书献给他们。

孙仲兹于成都

形而上学篇

# 为物与生物

《中庸》言：

> 天地之道，可一言而尽也——其为物不二，则其生
> 物不测。

于天地造化之奥，子思先谓可以一言而尽，这是在提点枢
要，欲使学者致思其间。前辈注家对这一段话却多不重视，揆
其原因，大概是对句中的一个"则"字始终未能安顿妥当。注
家多以为"则"字表前后两句的因果关系，其实不然，与"种
瓜则得瓜"不同，"其为物不二"中并不包含"其生物不测"的
必要条件，故而前后两句并非因果关系。

《说文》言："则，法也。""则"是以某物为则而效法之的
意思，"则其生物不测"的"则"字其实也是此意，其与典籍中
的"唯天为大，唯尧则之""天生神物，圣人则之""则是，天
地交而万物通也"之类相同。

深研此节，"其为物不二，则其生物不测"的上下句其实
节节对应——上句的"其"与下句的"则其"相对，上句的"为

物"与下句的"生物"相对，上句的"不二"与下句的"不测"相对。

就儒学而言，自然造物只是道气二者之事。"其为物不二"的"其"就是道体，以道体为则而"生物不测"便是气——道是气所效法的典范，气是生成万物的材料。

至于"为物"与"生物"，两语虽然只是一字之差，此处却有微意，因为"为物"只是造化之半提，它单指道体为气提供了一种可供效法的典范，亦即使气有了成为物的可能性。有道体的"为物"，此时还不曾有物，还须有气确然去实现这一可能性——必定有气投入自身去效法道体而"生物"，此时庶物才能得以呈现。

人常以为有足够的材料便可以生成万物，实情并非如此，生成万物固然离不开材料，但物是物，物不只是物的材料而已，必须有为物者，有生物者，姿态万千的庶物才能得以呈现，这才是造化之全提。

譬喻言之，如果自然万物是一座座彼此不同的建筑，那么道与气的关系，就好似蓝图与建材的关系。建筑固然只是建材的堆砌，但是，起初若只有建材，那么这些建材永远不可能形成建筑。必须先有一个蓝图，如此建材才有以效法、有以实现，建筑也将因此而确然矗立。于任何一座建筑而言，蓝图都必须存在，即便它从未画在纸上，它也存在于工匠的脑海之中。建筑是如此，万物的存在也是如此。

不必在形而上学领域，日用之间，凡创造之事其实都与造化的情形相类。譬如文人作文，心中必定先有一种情意，然后才能以文字效法之、实现之；画家作画，心中也必定先有一种心象，然后才能以颜料效法之、实现之。工匠制器是如此，主妇烹饪也是如此，人行一事、出一言也无不如此，凡有创造处，其中皆有"为物"与"生物"的分工。

《中庸》对造化的阐释本乎《周易》，然而《中庸》是才说便透，才透便了；《周易》则说得完整而精密。在《周易》中，孔子言：

> 大哉乾元，万物资始。

又言：

> 至哉坤元，万物资生。

乾与坤是两个卦，乾元与坤元却不是两个卦，它们也不是后儒所谓的阴阳二气，乾元与坤元是构成世界的两个"元"，所谓"元"，就是不待创造而自在的本源之意，待创造而后有则不足以称"元"，乾元就是道体，坤元便是气。

使万物资之以始的是乾元，使万物资之以生的是坤元。若没有乾元道体，坤元之气就好似弃置的材料，它只是不凝不动、一无目的的死气，虽有成物之能且充塞宇内，它却永远不会开始成物。唯有乾元道体为气提供一种典范，坤元之气才有以效法，确然实现其生物之能，所谓"含弘光大，品物咸亨"。

反之，若没有坤元之气，乾元道体只能兀自作用于形上世界，如同闲置的蓝图一般，它虚悬着成物的可能性却并无材料来效法它、实现它，故而必待坤元之气的效法，乾元道体才使得"云行雨施，品物流形"。《周易》所言的"资始"与"资生"之别，就是《中庸》所言的"为物"与"生物"之别，于天地造物之实情，孔子、子思各即一字之别而揭示大义，其见解亦无二致。

造化之中，孔子所言的"大哉乾元，万物资始"便是子思所谓的"其为物不二"，其功用，便是"范围天地之化而不过"。与之相对，孔子所言的"至哉坤元，万物资生"便是子思所谓的"则其生物不测"，其功用，则是"曲成万物而不遗"。

前者以身作则而全无施为，后者效法前者而不自主张，二者各致其德却又协力成功，这种协作方式，就是孔子所谓的"乾知大始，坤作成物"、所谓"成象之谓乾，效法之谓坤"。对这种协作方式，今人不妨称其为"垂范无为——效法实现"的协作模式。

宇内凡属乾道之存在，其义皆在以身作则；宇内凡属坤道之存在，其义皆在效法乾道、实现乾道，这一协作模式也是乾坤大义之所在。如精子与卵子、一心与四体、统帅与士兵、指挥家与演奏家、导演与演员、医生与护士、教练与球员、纲与目、经与传、人与马、头雁与群雁、钥匙与锁、方向盘与汽车、遥控器与电器等，凡此皆是众物对乾坤之义的体现。相较于形下众物对此义的彰显，道气二元这种"大哉乾元，万物资始""至哉坤元，万物资生"的关系不止是此义在宇内最为完美的呈现，它本身也是乾坤之义的根源所在。

再及句末的"不二"与"不测"。"其为物"之"不二"，是指万物所效法的典范唯一，因为通天下只是一个道体，世间的万千造物，莫不由气效法这唯一典范而呈现；"则其生物"的"不测"，是说道体虽然唯一，但效法道体的气之情状自有万般差异，因此其所生成的众物也必定万殊。

或有人问："通天下只是一个道体，气也只是宇内一气而已，二者协作，何以其所呈现的万物姿态各异？"

首先宜理解的是，道、气与万物，三者都无终无始，同时见在。人类生活在形下世界，而形下世界由万物构成，过眼入耳的每一个具体之物都有开始，也有结束，人类也常因这一经验而以为任何存在都有始有终，甚至以为道气二元与万物也必定如此。就实情而言，道气二元本不属于物类，故而它们不像物类一样必有开始和结束，它们只是恒常存在；就万物而言，道气二元既然永恒存在，因道气二元而呈现的万物也永恒存在，有始有终的不是万物，而是万物中的每一个具体之物——它们资取于他物而呈现，消散后又被他物所资取，一似河流中的每一个水波都有始有终，但河流恒常流淌。

宇宙虽然其大无外，却并无一丝虚悬于物外的余气，气永远以物的形下部分这一形式存在着，或者说，气永远充塞在无数具体之物中，充塞土石金玉的内容是气，充塞草木鸟兽的内容也是气。因为气在众物之中的情状已然各自不同，所以即便宇内之气所效法的都是同一个道体，其效法的结果也必定各见差别，绝无雷同。

人常以为众物姿态各异，难归一揆，其实万物只是大同而小异。之所以说大同，因为天下之气所效仿的只是同一个道体，所以纷纭众物实有一些一定不易的范畴，譬如道体有"至大"这一特征，故而效法道体而见的众物必有大小向度。之所以说小异，因为道体所值之气的情状各异，所以气之生物也注定各见差别，譬如凡物虽然必有大小向度，然而天下又绝无大小相同之物。

故而说，自然造化不是宋儒所描述的那种太极、二气、五行依次生出，二气五行又在往来摩荡中感应凝结的生成模式，万物的生成要简易得多，一似鳞波浮沉于风水之间，道气二元皆无终无始，万物则各有终始，永恒聚散其间。在《庸》《易》中，道气二元这种"垂范无为——效法实现"的合德模式，非止是儒家形而上学的第一要义，凡可取象乾坤处，此义皆历历在焉，其大者则为夫妇、父子、君臣。

或有人问："以'垂范无为——效法实现'这一关系来描述道气关系，其说与经籍倒未见暌违，然而此中仍有许多疑问。既然说道体只是垂范，那么道体所垂的究竟是怎样的一种'范'？它何以竟能使气呈现出种种形象？且所谓垂范，必定是垂之以形迹然后可供效法，道体是无形无迹的存在，气如何能效法它？"

道体固然无形无迹，然而若开拓眼光，则可见其无形无迹这一特征也是气所效法的典范之一。留心万物，实不难得见天下之物皆有一虚实向度，没有虚实向度，则物亦不足以为一物。之所以如此，只是因为道体有无形这一特征，气效法道体而生物，众物便无不彰显了道体的无形特征，因为道体所值之气的情状各异，物对道体无形特征的彰显也各见差别。故而说，一物越是彰显道体的无形特征，其物便越趋于无形，趋于无形便是虚，如自然界中的风云之类；反之，一物越不彰显道体的无形特征，其物便越趋于有形，趋于有形便是实，如自然界中的金石之类。

儒家学者之所以皆谓道体无形，这是借由圣人之经而知，如所谓"形而上者谓之道"、"上天之载，无声无臭"之类，圣人之所以知道体无形，则是经由格物而来。

作为一个真实的存在，道体无形而非无，除了无形特征，道体还有另外七个特征，它们分别是"不易""至大""至纯""不已""至疾""至生""专直"。合此八特征，便是道体之全，所谓气效仿道体而生物，气所效仿的只是道体八特征而已。

人或又问："也不妨将至大、无形之类视作道体的特征，将通乎众物的大小、虚实向度视作物对道体特征的彰显。虽则如此，道体终非人类可以见闻感测的存在，而今欲以所谓道体八特征为范畴经纬万物，不知何以确定道体的特征不是六个、七个，不是九个、十个，它不止只有八个，而且还必定是'不易''无形''至大''至纯''不已''至疾''至生''专直'八者？与之相关的言语或散见于六经，如'纯亦不已''其静也专，其动也直'之类，然而圣人并未系统言之，故而犹不足以证成所谓道体八特征的学说。"

对于形而上者，自不可能将其种种特征指示给人看，若反其道而行之，通过对万物的长久体察，由众物的种种形象、特性反推其所自来，一直推见道体之情状，这种办法尽管可行，它却是格物致知的路数，无法为人提供一种当下可期的明证。

所幸遗经尚存，今人犹可以依据经文来完整指明这种学说，它不止能使人相信这种形而上学的存在，它还自成一套严密的体系，它既是儒学开始的地方，也是儒学造极的地方。同样，虽不能使人人都致格物之功，却可以在万物中逐一指出这种学问的下落，使人知道它非但与天地人文的实情相准，它还能将世界解释得更为透彻。如果考诸六经而不悖、质诸万物而无疑，这一学说便恒与二者并立。

# 物宜

道体八特征的学说载于《周易》，然而，即便在《周易》之中，圣人对此也只引而不发，人必先了解通乎众物的八物宜，然后才可以循迹上达。

《十翼》有《说卦》一篇，此篇是孔子为先王所翼之传，不过既然是孔子亲笔，则此篇又可谓即传即经。于此篇，近世学者多有疑其不出孔子手者，要之亦无依据，只是见其文字零碎若无统贯，其实若能稍明作者的用心之微，纵然只得吉光片羽，也当知此篇文字精密深远，绝非凡笔能致。

《说卦传》共十八段，前六段说八卦的来由与功用，自第七段至末尾，孔子开始逐一例举八卦所象的种种概念，今录于下。

乾，健也；坤，顺也；震，动也；巽，入也；坎，陷也；离，丽也；艮，止也；兑，说也。

乾为马、坤为牛、震为龙、巽为鸡、坎为豕、离为雉、艮为狗、兑为羊。

乾为首、坤为腹、震为足、巽为股、坎为耳、离为目、艮为手、兑为口。

乾，天也，故称乎父；坤，地也，故称乎母。震一索而得男，故谓之长男；巽一索而得女，故谓之长女；坎再索而得男，故谓之中男；离再索而得女，故谓之中女；艮三索而得男，故谓之少男；兑三索而得女，故谓之少女。

乾为天、为圆、为君、为父、为玉、为金、为寒、为冰、为大赤、为良马、为老马、为瘠马、为驳马、为木果。

坤为地、为母、为布、为釜、为吝啬、为均、为子母牛、为大舆、为文、为众、为柄，其于地也为黑。

震为雷、为龙、为玄黄、为敷、为大途、为长子、为决躁、为苍筤竹、为萑苇，其于马也为善鸣、为馵足、为作足、为的颡，其于稼也为反生，其究为健，为蕃鲜。

巽为木、为风、为长女、为绳直、为工、为白、为长、为高、为进退、为不果、为臭，其于人也为寡发、为广颡、为多白眼，为近利市三倍，其究为躁卦。

坎为水、为沟渎、为隐伏、为矫𫐓、为弓轮，其于人也为加忧、为心病、为耳痛、为血卦、为赤，其于马也为美脊、为亟心、为下首、为薄蹄、为曳，其于舆也为多眚、为通、为月、为盗，其于木也为坚多心。

离为火、为日、为电、为中女、为甲胄、为戈兵，其于人也为大腹，为乾卦，为鳖、为蟹、为蠃、为蚌、为龟，其于木也为科上槁。

艮为山、为径路、为小石、为门阙、为果蓏、为阍寺、为指、为狗、为鼠、为黔喙之属，其于木也为坚多节。

兑为泽、为少女、为巫、为口舌、为毁折、为附决，其于地也为刚卤，为妾、为羊。

由引文可见，《说卦传》在依次列举八卦的诸多杂象之前，孔子先对乾、坤、震、巽、坎、离、艮、兑八卦各有一种说法，亦即"乾，健也；坤，顺也；震，动也；巽，入也；坎，陷也；离，丽也；艮，止也；兑，说也"。

孔颖达疏解此节时言：

此一节说八卦名训。乾象天，天体运转不息，故为健；坤象地，地顺承于天，故为顺；震象雷，雷奋动万物，故为动；巽象风，风行无所不入，故为入；坎象水，水处险陷，故为陷；离象火，火必着于物，故为丽；艮象山，山体静止，故为止；兑象泽，泽润万物，故为说。

孔疏将健、顺、动、入、陷、丽、止、说八者视作对八卦之名的训解，所谓"乾象天，天体运转不息，故为健"，这是先把八卦所象之物绑定在天、地、水、火等八样具体之物上，再据这八物的特征来反训八卦。这种思路实不可取，譬如乾卦固然可以象征天，然而乾卦同时也可以象征圆、首、君、冰之类，如此众多乾象之物，若只取天之健为卦名之训，未免失于举一废百。

孔疏盖以为八卦是从天、地、水、火、风、雷、山、泽这八物中抽象出来，其实不然。远取诸物，则天、地、水、火、风、雷、山、泽固然是八卦之象的昭著者，然近取诸身，则乾为首、坤为腹、震为足、巽为股之类也未尝不昭著。庖牺氏画八卦，不是因为有个天才画出乾卦，庖牺氏时即便无天，乾卦也须画。孔疏于此节未得圣人之意，故而后世少有沿用其说者。

后世宋学兴起，于健、顺、动、入、陷、丽、止、说八者，宋儒皆不以之为"八卦名训"而谓之"八卦性情"，如朱子所谓"圣人下此八字，极状得八卦性情尽"。在宋儒看来，八卦皆有一种"性情"，如乾卦的"性情"就是健，坤卦的"性情"就是顺，直截了当，并无许多迂曲。能说到"性情"二字，宋儒的见解便较孔疏为进步，然而，"性情"一词的意思仍然囫囵，物则不妨说各有性情，八卦又不是八个物，只是八个象征符号，它们如何能有性情？故而，将健、顺、动、入等称为"八卦性情"亦不恰当。

或有人说："宋儒所谓八卦性情，不是说八个卦象自有性情，而是说诸卦所象征的事物皆有一种共通的内在趋向。譬如'艮为山''为门阙''为阍寺'，山、门阙、阍寺的性情无不是止，'艮，止也'通乎其中。譬喻言之，八卦性情就好似算盘上的八根竹棍，每根竹棍都串了许多珠子，八性情包罗万物而各有管摄。"

先不论"八卦性情"这一说法是否恰当，所谓"诸卦所象征的事物皆有一种共通的内在趋向"，却可谓揭示了八卦取象的一端，虽则如此，它仍不足以推尽《说卦》的全部取象。如"艮为山""为门阙""为阍寺"，似乎可以说三者的"性情"都是止，但艮卦又"为少男""为径路"之类，在少男、径路之上却看不出"止"的意思。同样，"乾为马"，马的"性情"也不妨说是健，然而乾卦又"为冰""为玉"，凡此又都与"健"无关，所以说，算盘与竹棍的譬喻也不恰当。

欲明了健、顺、动、入等八者的所指，还须从经文自身中寻绎端绪。

《周易》言：

> 圣人有以见天下之赜，而拟诸其形容，象其物宜，是故谓之象。

此语在《周易》中两次出现且并非重出，足见其重要程度。圣人灼见天下之深幽，其画卦立象以示人，只是为了模拟种种事物的"形容"，象征它们的"物宜"。所谓"形容"，就是形象容貌，凡有形貌可观者都是形容；所谓"物宜"，则是众物之所宜，亦即众物的长处，如雷宜动、水宜陷、风宜入、火宜丽之类，它们也就是健、顺、动、入、陷、丽、止、说八者。

以乾卦为例以观，经文言"乾为天、为圆、为君、为父"

等，凡此都是具体事物，这些具体的乾象之物也罗列不尽，于首节，孔子却只说一个"乾，健也"而已，再无其他。

就措字角度而言，"乾为天"的"为"不是"是"，而是"可以是"。说"乾为天"，便是说乾卦可以象征天，但乾卦又不止于象征天，它同时可以象征君、父、冰、玉等。在首节，孔子则不言"乾为健"，唯直言"乾，健也"而已。文字有明显差异，意味便自然有别，其微意在于，乾卦于物宜只象征"健"，舍此，乾卦再无别一种物宜可供象征。乾卦是如此，其余七卦也是如此。

也就是说，宇内事物无限，每一卦所能象征的事物也都不可胜计。虽则如此，每一卦所能象征的物宜却只有一个，通贯万物的物宜只是健、顺、动、入、陷、丽、止、说八者，不多一个，不少一个。天地间自有这八种物之所宜在，它们不为尧存，不为桀亡，圣人画卦可以象征它，但圣人兴与不兴、八卦画与不画，全不影响八者的存在。庖牺氏之卦不多不少只是八个，并非恰巧与八物宜相当，指示天地间的八种物宜乃是画卦的主要目的，若不如此，便不足以开物成务。

就《说卦传》的行文布局观之，在逐一例举各卦所象征的众多具体概念以前，孔子独以"乾，健也；坤，顺也；震，动也；巽，入也；坎，陷也；离，丽也；艮，止也；兑，说也"一语冠乎后文之上，此节与后文似连非连、似断非断，体例与后文相近而有别，内容亦相近而似重要。行文如此安排，其用意只是以此节提纲挈领，经贯后文，因后文内容多有依八物宜取象者，不先申明八卦所象的八种物宜，人于其后诸卦取象的所自来便多不能解。

《说卦传》所例举的概念包罗万象，论其取象的所本，则不外形容与物宜两个面向。

细说起来，在《说卦传》的举例中，有些概念并不属于物的范畴，如"坎为隐伏""巽为高""兑为正秋""乾为西北"之类。余下的概念，如"乾为首""艮为山""离为甲胄""兑为羊"之类则属物类。

仅就其中的物类而言，所谓就形容取象，则"坤为文""坎为沟渎"之类即是，坤卦六断井然，一似文字分布；沟渎两岸安静而中有活水，其形容也与坎卦的二阴夹一阳的形象相同。所谓就众物的物宜取象，则"乾为马""坤为牛"之类即是，马与牛的形象相似，以阴阳爻画难以凸显其形容之差别，然而马之宜处在健，牛之宜处在顺，唯有就二物的物宜取象，马牛之别才可判然。除此，有些取象也兼见形容与物宜两面，亦即其卦象既符合此物的形容，又符合此物的物宜。如"艮为门阙"，门阙的形容与艮卦二虚承一实的卦象吻合；与此同时，门阙皆止于其所在又以止人为用，故而其物宜为止，仍取艮象。

《说卦传》只由形容、物宜两面便足以为众物取象，因为物本身就是合形容与物宜而有的存在，或者说，物只包含这两个面向而已。然而，若以为八卦只能依形容与物宜将万物归为八类，则八卦虽然周遍，它却不足以入乎精微，如天下之山皆当以艮卦象征，但山与山的差异却无法凸显。《说卦传》之精密，还在于它有一个分殊取象的义例。所谓分殊取象，就是事物固然皆有其普遍之象，在取其普遍之象的同时，又可以依八卦所象的形容与物宜再取其特殊之象。

如《说卦传》中取象多举马，并不是孔子对马有所独钟，孔子只是即古人熟见之物而引出此例。马之物宜无不是健，故而凡马无不为乾象，当马牛同栖时，自然可以据乾坤二卦来区分。然而人若入于马厩，满眼皆是情态各异之马，此时则不能说凡此皆为乾象而无分别，还须再以八卦区别之。马厩中有最健之马，此马之于众马，可以说是乾象中的乾象，是《说卦传》所谓"乾为良马"者。马厩中又有"善鸣"之马，马善嘶鸣，则当属乾象中的震象。除此，马厩中又有"薄蹄""曳足"之马，马"薄蹄""曳足"则气力不外宣，是马中的物宜为陷者，故而皆属乾象中的坎象。与此同时，两马又可以仅据薄蹄、曳足之别再作区分，大概薄蹄之马是有力而不敢外宣者，曳足之马是有力而不肯外宣者，以马之脾性判别，则前者属坎、后者属艮——坎卦所象的物宜为陷，艮卦所象的物宜为止。明乎此义，则坤卦与离卦的取象中虽然不曾说到马，学者亦可推知坤卦可以象征驯良之马，离卦可以象征毛色华丽之马。

既通晓形容与物宜交织取象的原则，又明白分殊取象的义例，人于易象，只消玩味一篇《说卦传》，便可以自行推衍，凡物之过眼者，无不有以象之。否则，纵然益之以《九家》《虞氏》等诸多取象，也远不能该尽天下之物。

# 神明

《系辞》言：

> 古者庖牺氏之王天下也，仰则观象于天，俯则观法于地，观鸟兽之文与地之宜，近取诸身，远取诸物，于是始作八卦，以通神明之德，以类万物之情。

庖牺氏极尽格物之功而画八卦，其目的，只是以八卦来"通神明之德，类万物之情"。

其中，以八卦来"类万物之情"较好理解，万物之情就是万物之实情，它包含了前面所言的"形容"与"物宜"两面。八卦既可以象征通乎万物的形容，也能够象征通乎万物的八种物宜，故而八卦可以尽众物之情之全。

至于以八卦来"通神明之德"，这一面向则较难理解，欲理解此言，先须体会经文中的"神明"之所指。

《周易》常言"神"字，也多言"神明"一词，人或以为"神"就是"神明"的简写，其实不然，"神"字固然有其独立意味，"明"字也有其独立意味。如孔子曾言：

化而裁之，存乎变；推而行之，存乎通；神而明之，存乎其人。

"化"与"裁"的意味不同，"推"与"行"的意味也不同，它们都是既有区别，又有联系。同样，所谓"神而明之"，是既当神之，又须明之，可见"神明"是二而非一，由此亦可见"神""明"二者也是既有区别，又有联系。

换一角度观之，孔子曾言：

以体天地之撰，以通神明之德。

又言：

幽赞于神明而生蓍，参天两地而倚数。

又言：

观天之神道而四时不忒。

"以体天地之撰，以通神明之德""幽赞于神明而生蓍，参天两地而倚数"，这两句都是将天地与神明并言，至于"观天之神道而四时不忒"，则单将天与神并言，未言及地，则亦不言及明。

不止《周易》是如此，先秦典籍皆惯于将天地与神明对言，如《孝经》言："天地明察，神明彰矣。"《荀子》言："通于神明，参于天地。"《大戴礼记》言："非礼无以节事天地之神明也。"《小戴礼记》言："内以治宗庙之礼，足以配天地之神明。"《庄子》言："配神明，醇天地。"凡此"神明"与"天地"并见之言，在先秦典籍中不胜枚举，可见神明与天地最堪类比，天地是何种关系？乾天坤地，只是乾坤关系之最昭著者。

既知神明关系宜为乾坤两道之关系，当再看神与明的所指究竟为何。

对于"神"字，孔子曾经自作训解，所谓"神也者，妙万物而为言者也"。神不是用言语来彰显自身的人格神，它不能言语，也不消言语，因为其所用来彰显自身的言语就是"妙万物"。所谓"妙万物"，就是使万物各得妙处，如山宜止、雷宜动、火发光、水滋润、金坚可以制兵、木轻可以为舟，乃至花开叶落、鸢飞鱼跃、视听言动、谋划思虑等，凡此皆是众物之妙，人们只是见惯而不以为妙。

万物之所以各有其妙，只是因为万物无不有形容与物宜，有形容与物宜这两大面向，因此不妙便不是物，唯其妙处各自不同而已。神则即众物的形容与物宜而彰显其自身，这种彰显自身的方式胜过千言万语，因为它就是万物皆有形容与物宜的原因。神使万物各得其妙，因此它必定不属物类，或者说，它必定是形而上的存在。

又如《说文》言："神：天神，引出万物者也。"此语亦有意味。《说文》同样不以神为神灵，"引出"不是创造的意思，"创造"的意思大而完整；"引出"则偏向"乾知大始"之意，它只是造化的一半工作——万物皆由神所引出，亦即因神而肇其端始。

《易》云"大哉乾元，万物资始"——为万物肇其端始、使万物必有形容与物宜的存在无他，只是乾元道体而已。因此，就造化层面而言，神其实就是对乾元之功的形容——乾元自是乾元，形容乾元之功则谓其为神，若只论乾元自身的情状而不论其与坤元合德造物之事，则神亦无以语及。观《唐韵》之言亦然："神，音示，垂示也。"所谓"垂示"，就是垂范，神字的本意只垂范，只是对乾道之功的形容。

既明了"神"之所指，则"明"的意味亦可以相映得见。造化之中，神是对乾元之功的形容，明便是对坤元之功的形容。古人之所以用"明"字表坤元之功，因为"明"字本来就是彰明、昭著之意，如前所论，坤元之功无他，只是效法乾元、实现乾元，使乾元之功得以彰明、昭著可见，所谓"含弘光大，品物咸亨"。

故而说，乾元的垂范之功谓之神，坤元的效法之功谓之明；引出万物之功谓之神，呈现万物之功谓之明；使万物能够妙者谓之神，使万物确然妙者谓之明；"范围天地之化而不过"就是神，"曲成万物而不遗"就是明。合乾坤二元的神与明，便是造化之功之全。如孔子曾言：

昔者圣人之作《易》也，幽赞于神明而生蓍，参天两地而倚数，观变于阴阳而立卦。

揲蓍之所以能通宇内事变，为其是拟造化而推演，亦即"幽赞于神明"。此处的神明，便是析造化之全，辨二元之功而为言。同样，又如"以通神明之德，以类万物之情""以体天地之撰，以通神明之德"，凡此之"神明"，也是析造化之全，辨二元之功而言。

在造化语境，神专以形容乾元之功，明专以形容坤元之功，然而出乎造化层面，在形下事物中亦可以言神明，如《观》卦言：

观天之神道而四时不忒，圣人以神道设教而天下服矣。

天之功既谓之神，"四时不忒"便是地之明；圣人设教之功既谓之神，"天下服矣"便是庶民之明。非止道、天、圣人之功皆可谓之神，一新发明为众人所效仿沿用，此器物之功也可谓之神，如圣人发明网罟、弓矢、杵臼、书契之类以利民生，凡此首创之物皆可谓之神物，是所谓"圣人兴神物以前民用"者。同样，先民始造户而"利用出入"，此发明之功亦是"民咸用之谓之神"。

及孔子言"神而明之，存乎其人""圣人以此齐戒，以神明其德夫"，此处的"神明"则是自修养角度立言。形容词做动词用，是使当神者神之、当明者明之之意。所当神者，是人的乾道之德，所当明者，是人的坤道之德。

故而说，道与气、天与地、心与身、身与物、君与臣等，宇内凡属乾道之存在，其功皆可谓之神；凡属坤道之存在，其功皆可谓之明。后世学者或将神明拘束在天地间说，以为神明只是天地之良能；或将神明拘束在神灵上说，以为神明只是天灵地祇；或将神明拘束在一身上说，以为神明只是身心之精爽。众家皆各言一隅而不相通贯，在圣人典籍中周流不居的神明于是为天下裂。

# 造物

既明白神明之所指，则当进一步推敲经文中"以通神明之德"的"神明之德"为何物。人是有其功便必有相应之德，神与明既然是乾坤二元之功，那么"神明之德"便是乾坤二元之德，是道之所以能垂范、气之所以能效法的原因。

道体何以能为气垂范？道体虽非一物，但道体与众物一样是真实的存在，这一存在亦自有其特征，其诸般特征便是道体所垂之范。

道体八特征无一可以供人见闻感测，须积累格物之功然后可以洞悉，此事虽然人人可行，然而不有先觉设教，其成功亦非易事。唯庖牺氏画卦上通下贯之后，后人才有了由学理推知道体之情状的可能。

由万物之情状上达道体之情状，学者所循之迹并非一线，而是经纬交错——为其经纬交错，故能弥纶万物，论其枢纽，则在健、顺、动、入、陷、丽、止、说八物宜上。

于八物宜，人或以为一似天下人之于十二生肖，万物各得其一而已，其实不然。众物当体皆具足八物宜之全，只是因所值之气的情状不同，八者的凸显程度也各自不同。在易学角度，则单以一物最为突出的物宜为其物宜，虽然不论其余，其余的七个物宜也未尝不在，如风最突出的物宜是入，然而风亦未尝不有顺、动等七物宜。

凡物之所以皆有八物宜，因为凡物都具足八个根本形容。

物的形容是物的形象声色之类，凡有形象可观处皆是形容。物的根本形容则与之不同，它们是物所不可或缺的必要形象。如一物正呈现的颜色是其形容，但颜色并非此物的根本形容，它也不足以通乎众物，此物的大小则是其根本形容，因为一物的大小向度由此物对道体至大特征的彰显而呈现。万物的根本形容只有八个，它们由气对道体八特征的效法而直接呈现，万物都具足八个根本形容之全，哪怕只少一个，物便不足以为物了。

一物呈现一种根本形容，便因此而产生与之相应的物宜，亦即具备了某种长处；反之，一物有此物宜，也必定有与之相应的根本形容。譬如风最为昭著的根本形容是虚，唯其体虚，故而其为物宜入；又如山最为突出的物宜是止，之所以宜止，只是因为它结实，结实便是山最为昭著的根本形容。

故而说，由《周易》经文所载的八种物宜，可以推见通乎众物的八个根本形容，而所谓八个根本形容，便是气效法道体之特征而呈现的八个形象面向，八者相合，便是物之全体，它们分别是物的结实面向、虚实面向、大小面向、纯驳面向、持久面向、快慢面向、动态面向、生机面向，这八个面向就是塑造万物的八个参数，它们是物的范畴，是物之所以为物的必要条件。

及将通乎众物的八个根本形容引而伸之，扩充至极以见众物之志，便可见到众物所效法的典范，亦即见到道体自身的八个特征，它们分别是不易、无形、至大、至纯、不已、至疾、专直、至生八者，这八个特征，就是乾元之德。至于天、地、水、火、风、雷、山、泽八物，它们是人类生存世界中最能凸显八个根本形容与八物宜的存在。

由本而末地描述造化之情形，则充塞宇内的唯道与气，二者虽有形而上下之别，它们却又互寓其宅，不相离亦不相杂。道体只是自成自遂于形上世界，时时以自身的八特征为气垂范，其功用之神因此而呈现；气则时时唯务效法道体而已，唯务效法道体就是坤元之德，其功用之明也因此而彰显。因为气对道体八特征的效法实现，气化呈现的万物也无不具足八个根本形容向度，少一个根本形容，物便不得为一物。物有其形容，便因此而有其所宜，当体具足八个根本形容与八物宜，这便是万物的同然处。因为造物所值之气的情状各异，故而物对道体八特征的彰显程度自不能齐，众物的形容与物宜必定有种种差别，自然造物也因此丰饶而莫测。

故而说，庖牺氏画卦之意，乃是以八卦为枢纽通乎形而上下两界。"以类万物之情"是以八卦范围形下，指示通乎万物的八个根本形容与八物宜；"以通神明之德"则是以八卦上通造化本源，指示作为万物之典范的道体八特征。八卦既成，非止学问之极则止于是，天地万物也无以出其范围。

论说至此，始可以将前文所论的道体八特征、众物的八个根本形容、八物宜、八卦以及天地水火风雷山泽八物汇为一表，凡此五类概念自然成文，各有所止，读者绎其原委，则可知八卦之所由画，造化之实情也全备其间。后文则依表中八列之次序，自上而下各撰一章详说物理，以见其说何以能"范围天地之化而不过，曲成万物而不遗"。

# 二元造物表

| 道体之特征为： | | | | | | | |
|---|---|---|---|---|---|---|---|
| 不易 | 无形 | 至大 | 至纯 | 至生 | 专直 | 至疾 | 不已 |
| 气彰显此特征则： | | | | | | | |
| 固 | 虚 | 大 | 纯 | 生 | 翕辟 | 疾 | 久 |
| 其物宜为： | | | | | | | |
| 止 | 入 | 健 | 陷 | 说 | 丽 | 动 | 顺 |
| 其于八卦属： | | | | | | | |
| 艮 | 巽 | 乾 | 坎 | 兑 | 离 | 震 | 坤 |
| 其物之昭著者为： | | | | | | | |
| 山 | 风 | 天 | 水 | 泽 | 火 | 雷 | 地 |

物理篇

# 不易

　　不易就是不变，物有形迹然后可以变易，道体实有而无形，故而无从变易。

　　道体既然有不易这一特征，气效法道体而呈现的众物便不同程度地彰显了这一特征，而一物越是彰显道体的不易特征，其为物便越难改易；反之，一物越不彰显道体的不易特征，其为物便越容易改变。宇内之物无不彰显了道体的不易特征，若不彰显这一特征，则物亦不足以为一物。

　　宜注意的是，众物在彰显着道体不易特征的同时，它们也要彰显道体的其余七个特征，其中就包含着道体的动态特征，因此，众物在彰显道体不易特征的同时又不能不发展变化，故而众物只可能无限趋近于不易，却终不能如道体般全然不易。

　　或有人问："说道体有不易特征，又说道体有动态特征，这里便已陷入矛盾。一物若全然不易，它便不可能有动态；反之一物若有动态，其物也不可能全然不易。"

　　如果有一物能够全然不易，那么它必定无法再有动态，因为物必有形体，说不易与动态都是就其形体而言，而物之形体不能既变动又不变动。不过，此处所论的并非物类，而是无形无迹的形而上者，道体有无形这一特征，因此它不止无从改易，其动态也不会带来形体上的改变，两种看似矛盾的特征也因此而兼容。

自然科学中，很多概念都表达了物对道体不易特征的彰显程度，这些概念或复合或单一，各有其适用范围。譬如在材料力学领域中有刚度、强度、硬度、韧性等概念，所谓刚度，是指一物在受力时抵抗弹性形变的能力；强度，指一物抵抗破坏的能力；硬度，指一物抵抗他物压入自身的能力；韧性，指物在塑性形变和断裂过程中发生脆性断裂的可能性；弹性则指一物在外力作用下发生形变，外力撤消后又能恢复原来大小和形状的性质。

上述种种概念，其在物理学中各有攸当，然而归根结底，它们都是物对变易进行抵抗的面向。物对道体不易特征的彰显既然有如此众多的面向，"坚硬"一词自然不足以蔽之，众物彰显道体不易特征而产生的根本形容，若用一个字表达，那就是"固"，日常用语中，则以"结实"一词最为恰当——坚硬的东西结实，耐磨损的东西也结实，富于韧性、弹性的东西同样可以说结实。一物越是能兼顾硬度、韧性、弹性等面向，其物对道体不易特征的彰显便越充分，譬如锻造刀剑必须追求硬度，然若仅仅得到了硬度，那么成品必定脆而易断，它仍不结实，刀剑必须同时兼顾硬度、弹性、韧性之类才堪称结实。

自然界中的结实之物极多，如金属、岩石、木头、果核、鳞甲、皮革、骨角、筋腱、指甲、牙齿等。就人工造物而言，则城墙、房舍、铁砧、钉子、皮带之类都是结实之物。

一物越结实，其物的物宜之止便越凸显。宜注意的是，在易学中，作为物宜的"止"不是停止的意思，而是宜于止的意思，止只是一种状态，宜止才是通乎众物的物宜。

孔子言："盈天地间唯万物也。"万物皆不虚悬，而是永远处在外物的环绕之中，亦即物物皆有其所在之处，故而一物越趋于不易，它与其所在之处的联结便越紧密。

受现代物理概念的影响，今日语言中"止"字的意思单薄且抽象，它只表与运动相反的状态，而"止"字的古典意味则更完满而自然。《说文》言："止，下基也。象草木出有址，故以止为足。"《说文》的释义之所以不厌其烦，因为一物之止不能四无依傍，而是必有其所止之处，故而于"止"字，当以孔子在《艮》卦中的解释为最精凿——孔子言："艮其'止'，止其所也。""止"就是一物居于其所处、止于其所在的意思，如《诗》云："邦畿千里，惟民所止""缗蛮黄鸟，止于丘隅"。郑康成释"止"而言"止，犹自处也"，朱子释"止"为"止于是而不迁"，凡此皆可谓得其正鹄。

自然界的众物皆有其栖止之处，而越是结实之物便越宜止于其所，外力难以迁移它。譬如金属、岩石之类皆坚硬，其类皆难开采；水未结冰时流行不已，一旦结冰则坚硬而难迁；树坚韧、草柔韧，故而二者皆能不畏风雨而止于地上；反之，树上最不结实的是树叶，其类入秋则率先飘散；草上最不结实的是花瓣，其类入秋便率先零落。果壳坚韧，故而难于将其与果肉分离；藤蔓坚韧，故而总能牢牢附于他物之上；动物的鳞、角、爪、牙之类坚韧，故而不易剥落；螺壳虽硬但是螺肉柔软，二者犹易离析；骨骼坚硬而筋腱弹韧，二者止于彼此，故而最难脱落。

自然界中的结实之物无不可见其物宜之止，日用的器物虽然也不乏结实者，人们却很难意识到它们具有这一物宜，譬如铁器、木器之类。之所以如此，因为其类早已被人类从自然界中采集出来，人们往往只利用其结实的形容而已，故而其类虽然皆宜于止，其类的物宜却未必都能得到利用。

虽则如此，生活中对物宜之止的利用仍极常见，譬如房舍必欲其坚固，是求其能稳居地面；墓碑必欲其坚固，是求其能伫立长久；钉子的材质必求结实，是求其能长久止于他物之内；夹子的材质必求结实，是求其能长久止在他物之外；麻绳韧性强，以之系物则不离散；皮筋弹性强，以之系物则耐拉扯；胶水未干时与水无异，一旦风干，其物的结实程度大幅提升，其物的物宜也由宜陷一转而为宜止，所以它能同时止于两物之间，使三者不相离析。

日常可见的自然之物中，山以巨石为体，其类最为坚固，也因此而最宜于止。沧海桑田犹不免变迁，山却古今如一，恒止于其所。

于人文而言，八物宜皆是儒家教养之归止，如孔子言"仁者乐山"，山宜止而不迁，仁者安仁而不迁，其同处皆在于能止其所。孟子言："仁，人之安宅也。"所止既是天下之广居，所

行则莫非天下之正道，所谓"时止则止，时行则行，动静不失
其时，其道光明"。

# 无形

孔子言："形而上者谓之道，形而下者谓之器。"一个"而"字最堪玩味。

一如《论语》"学而时习之""温故而知新""下学而上达""己欲立而立人，己欲达而达人"之类，孔子凡用"而"字，皆用以表达一种同时性，一种此物既在场，彼物便当下在场的意味。譬如人的"学"中就有"习"在；堪为人师者的"温故"中就有"知新"在；学者的下学就是上达；仁者立己同时就立人、达己同时就达人。

所谓"形而上者谓之道"，不是指道而言道，乃是指物而言道，一物的形象既然见在，那么此物的另一部分，那个超越此形象的存在也当下在场，这一存在便是道体。"形而上"的"上"不是方位之"上"，它表示一种超越之意；"形而下者谓之器"的"下"也不是方位之"下"，它表示一种见在之意，亦即物之可以见闻感测的那一部分。

《系辞》言："形乃谓之器。"凡有形者皆是器，都是形而下者，道体既然超越形象，那么它必然无形。虽则如此，道体却是无形而非无，其存在的真实性与万物并无二致。

人常以为无形就是不存在，如佛道二家常以道为空、寂、虚、无，以为不可思维、不可言说、才思才议便不是道云云。凡此见地，其实都是囿于形下经验又据以理解形上世界所致。见得道体无形，这固然是不差，然而于道体之见识既止于无形而不知其余，于道体之存在又不得干脆否认，于是便两相矛盾，说道体有也不是，说道体无也不是。见识既止于此地，便认道体为一恍恍惚惚、若存若亡者，继而又文之以不可思议之遁辞，故而凡其主张，皆自谓能超越思维而默契乎道，其实只是见识不济又强为之辞，其弊则至于引人废格物致知、入玄思冥契。

　　道体无形，气化之物越是彰显道体的无形特征，其为物便越趋于无形，其物的体段也就越空虚，譬如云、雾、灌木、海绵之类；反之，一物越不彰显道体的无形特征，其为物便越趋于有形，其物的体段便越密实，譬如坚木、象牙、石头、金属之类。万物皆由气效法道体八特征而呈现，故而万物皆有虚实这一向度，不有虚实向度，则物亦不足以为一物。同样，形下世界绝无至虚之物，因为唯有无形才可以称得上至虚；形下世界也绝无至实之物，因为绝无一物能全不彰显道体的无形特征。

　　众物的虚实程度不一，彼此间的虚实差异可以用物的密度来描述，所谓物的密度，就是一物之体积与质量的比值。物的密度越大，其物便越实，反之就越虚。

　　或有人问："描述众物的虚实，除了要考察充塞此物体段的内容是虚是实，似乎也要考虑到此物的形状。众物的形状各自不同，形状与形状间也有虚实之别，譬如牡丹密实、兰花空虚；汤勺密实、漏勺空虚；木板密实、蜂巢空虚；房舍密实、凉亭空虚之类。"

生活中，人的确常用"虚"字形容形状空疏之物，譬如说埃菲尔铁塔"虚"而金字塔实，不过自格物视角而言，此处所举的区别都不是众物间虚实面向的区别，它们只是众物形状面向的区别。所谓虚实，只是就充塞一物之形状的内容而言，至于此物是何种形状，则与此物是虚是实都无关涉。万物皆有形状，通乎万物形状面向也是众物的八个根本形容之一，只不过，形状与虚实这两个面向各自彰显了道体的不同特征，它们各有原委、并行不悖。

深说起来，凡物皆有其客观的形状与虚实，虽则如此，人的视角却必定主观而有限，故而人类永远无法见到客观之物的形状与虚实，因为人类的观察视角一旦变化，所见之物的形状与虚实就要随之变化。譬如疏密不同的两张网，当近观时，二者的差异之处在形状，论虚实则并无二致；及远观二者，则先前所见的形状差异又消泯了，其体段反倒呈现出了虚实之别。又如仰视树冠，自可见其枝枝叶叶条分缕析的形状，及在远处看，树冠又只似一团浑然的烟雾，不能说此时所见的形状并非树的真实形状，它与近观视角下的树之形状不一样，却同样是树在某一视角下的真实形状。故而说，任何体虚之物，在足够近的视角下都将呈现空疏的形状；同样，任何形状空疏之物，在足够远的视角下也都将呈现为空虚的体段。然而，不论观察者处于何种视角，物的形状与虚实这两个面向都同时见在，二者永远不能混为一谈。

人或又问:"除了体段空虚之物,天地间也有许多透明之物,譬如冰与玻璃都颇致密,它们看起来却极虚,透明之物是否也较为彰显道体的无形特征?"

一物对道体无形特征的彰显,只体现为其体段的虚实或者说其密度的大小,故而不能说一物透明,它便更为彰显道体的无形特征。人之所以常常感觉透明之物体虚,因为万物之中,体虚之物如风、烟、云、雾之类常因其体段之虚而透光,冰与玻璃也透光,但其物给人带来的体虚之感却止于视觉而已,故而这种体虚之感乃是一种错觉。虽则如此,这种错觉又可堪利用,如在建筑和装修时,人常用玻璃材料制造空旷效果。

《周易》言:"巽,入也。"一物越是彰显道体的无形特征,其物的形容便越虚,其物宜之入也越发凸显。

作为八物宜之一的"入"就是"宜入"。依前辈学者的解释,所谓"宜入",就是说一物宜于进入他物。这一理解的来路颇为明白,是学者见《周易》言"巽为风",又知风无孔不入,于是便将巽卦所象征的物宜解为"宜于进入"。不过,若深思之,风固然宜于进入他物,却不能由此直接得出巽的物宜为"进入"这一结论,而且这一说法也与自然现象相抵牾——体虚之物固然有风这样因体虚而宜于进入他物者,但譬如泡沫塑料之类也是体虚之物,它们却不曾因体虚而宜于进入他物。反之,世间也不乏因体虚而不宜进入他物的存在,譬如致密的木头可以沉入水中,空虚的木头反倒难于入水。要之,论一物是否宜于进入他物，不能只看虚实一端，而是要综合考量各种因素如其物的大小、形状、硬度、作用快慢等，故而说，如果将物宜之入解为"宜于进入"，那么它便与乾元垂范、坤元效法而有万物的物理学说不相契。

然而，若从文字学角度契入，则对物宜之"入"的理解又可谓柳暗花明。今日"入"字单指一物进入某物，及形容一物接纳某物则用"纳"，二者所描述的虽然只是一件事，视角却各自不同。宜注意的是，古人用"入"字并不似今人一般拘于视角，古人的"入"字常用以表进入之意，也常用以表接纳之意，也就是说，古人常将"入"字作"纳"字用，一如《玉篇》所谓"入，纳也"，《广韵》所谓"入，得也、内也、纳也"。

考诸典籍，如《诗经》言"不闻亦式，不谏亦入"，《周礼》言"凡嫁子娶妻，入币纯帛，无过五两"，《左传》言"楚子入飨于郑"，《战国策》言"入其社稷之臣于秦"，《史记》言"商君亡秦归魏，魏怒，不入"等，凡此"入"字，皆只取"纳"意。大概先秦典籍中，"入"与"纳"常混用不拘，如前述典籍其实也皆有"纳"字，却仍不妨其书常以"入"为"纳"。

"入"字既然可以表"纳"意，据此视角来观八物宜之"入"，则"巽，入也"在物理世界的窒碍便焕然冰释。一物越是彰显道体的无形特征，其为物便越虚，体虚之物未必皆宜于进入他物，体虚之物却必定宜于受纳他物——一物是否宜于受纳他物无关乎其他，只系于此物自身的虚实而已。

就卦象观之，巽卦二阳在上，一阴在下，二阳刚健而上进，最下阴爻之来，并非主动进入，而是不入而入，一似拔起活塞，水便自然填充注射器的空隙，故而说巽卦卦象并非象征"进入"，只是象征"受纳"。就经文观之，《说卦传》以巽"为进退""为不果"，二者皆是就巽卦所象征的物宜之入取象，凡人进退不定，或作或辍，不是因为其人"宜于进入"，而是因为其人"宜于受纳"，亦即中无自主，常唯周遭意见是听。

由是可知，"巽，入也"中的"入"字，其义只相当于今日的"纳"字，一物的物宜为"入"，只是说一物宜于受纳他物，一物的体段越虚，它便越宜于受纳。

《说卦传》言"巽为风"，日常可见的体虚之物甚多，然而彰显道体无形特征者莫过于风。今人以风为空气的流动现象，其实凡空气必定流动，唯其或微或著而已，故而《周易》中的风不是一种现象，而是天、地、水、火、风、雷、山、泽八物中的一物，亦即今日所谓的空气。风体质极虚，其为物宜也极宜入，一如风不可以进入水，水却可以进入风，风不足以进入万物，万物却皆可纳于风中。

风能容纳众物，故而能潜移默化地影响众物，自然之风是如此，人文之风亦然。人文之风或如兰芷之室，或如鲍鱼之次，凡此人皆经久不闻并与之俱化，由是，儒家常以风来比拟文教之广覆默化，如《诗》有国风之体，《易》云重巽申命，《论语》有风行草偃之说等。

《周易》言："君子以虚受人。"物必体虚然后外物可入，人也必虚己然后能够受纳众善。孔门高弟之中，心虚者莫过颜子，观《论语》，颜子总似一半透明人，唯其体虚，故而"有若无，实若虚，犯而不校"；唯其宜入，故而"以能问于不能，以多问于寡"。

儒家之"虚"与"空""无"等学说看似相似，其实不同。如佛家主张"无我"，这是见人胶于我见之害，于是便欲抹杀人之实有，以一种造作矫正另一种造作，其术不是因病与药，而是以毒攻毒。儒家则言"毋我"，只是让人时时虚己受人，既不害我之真实确凿，又可以尽人之大用。

# 至大

道体实有而无形限，如此，其存在必定其大无外，谓之至大。

道体有至大这一特征，物效法道体而呈现其自身，故而万物也皆有大小这一面向。一物越是彰显道体的至大特征，其为物便越大；一物越不彰显道体的至大特征，其为物便越小。万物的大小之别或不可同日而语，然而不论日月之大还是沙尘之微，物物皆有大小向度，不有大小向度，则物亦不足以为一物。

今人惯于说"空间"，其所指，大概是一个空空如也，也因此能够安顿万物的场所。依易学而言，则并无这样一种空间——不是有了空间然后万物才得容身之所，而是因为宇内充塞着无数具备大小向度的物，人厕身其间才有空间之感，孔子言："盈天地间唯万物也。"

众物的大小形容皆因彰显道体的至大特征而有，然而宜注意的是，此处所说的大小形容与人们通常所说的大小不同，人们通常所说的大小，只是人们目力所及的大小，亦即单指一物的体积大小而言，至于此物是虚是实，为其难于纳入眼界，故而通常不论。物之体积的大小系于此物含有多少物质，同时也系于此物的虚实，故而就易学角度观之，一物若仅仅是体积大，它还未必是真大，它可能只是体虚。

道体至大而无形，其存在却一无罅隙，物皆有体积之大，却也因为同时彰显无形特征而必有虚实面向。故而，观察万物对道体至大特征的彰显程度，必须排除物对道体无形特征的彰显面向，亦即排除密度面向的影响，如此，则只当看此物所含的气或者说物质的量，因此，不能说一物体积越大便越彰显道体的至大特征，只能说，一物的质量越大，它便越能彰显道体的至大特征。

万物皆不同程度地彰显了道体的至大特征，于是皆有质量这一根本形容，万物也因此必定具有不同的质量，众物才有质量这一根本形容，便有健这一物宜。

六经唯《周易》有"健"字，如"天行健，君子以自强不息"，天的健与君子的强，二者都是有力的意思，一如孔疏所谓"健者，强壮之名"。

至此则不妨说，一物的质量越大，其物便越有力，反之一物质量越小，其为物便越无力。然而，当说物宜之健便是有力时，宜随即强调，此处的"有力"与力学中的"力"并无关涉，"有力"不是一个物理学词汇，它只是人们日常用语中所说的那个"有力"，这一词汇在生活中表意宽泛，然而当我们单用它来形容一物因其质量而具备的物宜时，它却自有其优异处。欲对这一表述有所体会，则不妨暂且放下物理学视角，回到学习物理学之前的观物方式。

初次见到虎，人便知道它比猫有力；初次见到象，人也确信它比猪有力。巨轮之于小舟、卡车之于轿车、壮汉与侏儒之类，人见一物沉重便认为它有力，见一物轻小便认为它无力。人类自幼便习惯这样看待世界，这种观物方式是如此根深蒂固，以至于初学物理学时，它常诱导人们选错答案。

及进行系统的物理学训练之后，凭借其概念体系，人们总能通过公式得到一些精确的数字，对限定范围内的物理变化有一个准确的预判，这使我们对物理学体系产生了信赖。与此同时，我们也接受了物理学中的"力"的概念而将"有力"这一囫囵说法束之高阁，它更像是我们学习物理学之前的代用品，是乳牙一样有存在必要却终须被替换的东西。

然而，随着对物理学的认识，人们也不难发现物理学系统中的"力"并不是一种客观存在，它只是一个人为设定的、一个运动学公式的中间量。当我们说"力"的时候，我们以为有某种实然的存在与之对应，然而并没有这种存在，"力"除了表示质量与加速度的乘积，它什么都不表示。

那么，我们幼小时的观物方式，认为一物质量越大便越有力这一理解，这种人类与生俱来的观物方式，它究竟是一种人所共有的通病？还是一种赤子之心的直觉？在"有力"这一表述之下，是否有一种实然存在与之对应？如果它与物理学说殊途同归，那么，它与物理学体系如何在看似暌违中相契？

这种自发的观物方式的确与物理学说相契，甚至比物理概念更率真。因为依照动能公式的推论可知：当质量相同时，一物的速度越大，其做功就越多；当速度相同时，一物的质量越大，其做功就越多。在日常经验中，人们也不难意识到这样一种情形：一物的作用效验昭著与否或者说做功多少，它由两个参数决定，一者是此物作用的快慢，一者是此物本身的质量。

宜注意的是，在一物的作用之中，单纯的质量面向是无能的，因为它只是个根本形容而已，这形容本身无以影响作用效验，然而，太多经验又告诉我们，物之质量确实与一物的作用效验有关，一似子弹与炮弹，当作用速度相同时，弹丸的质量越大，其作用效验便越昭著；弹丸的质量越小，其作用效验便越不昭著。于是，我们自然会推知，在可以见闻感测的质量形容背后，还有一种因物之质量而产生的物之所宜在，我们称其为"有力"。

也就是说，我们在经验中推知了一样东西，它补足了一物因大小形容而本当具有的物宜，孔子称它为物宜之"健"，而我们叫它"有力"——健其实也就是有力的意思。有了物宜之健，一物因彰显道体至大特征而获得的根本形容与物宜才完全，一物的作用效验是否昭著与其质量也切实产生了联系。物不再只空有一个质量形容，质量背后还有一种与之相配的强度，这使它能够参与到作用中去，能够有所作为、制造效验。与此相似，西洋学者最初也只认识重量——仅仅是此物包含多少物质而并无物宜面向，到后世质量概念出现，则观念为之一新，因为才说质量，因质量而有的物宜便在其中，不言而喻了。

至此则可以说，通乎众物的物宜之健就是物理系统中的惯性概念。物理学中对惯性的定义，是物保持匀直运动或静止状态的特性，它体现为物对当下运动状态的坚持，也体现为它对改变其运动状态的抵抗，惯性是物的固有属性，一物的惯性只因其物的质量而有，物的质量大，其惯性就大；物的质量小，其惯性就小。进一步说，质量在物理学中同时有两种表述方式——一者为引力质量，一者为惯性质量，引力质量总是等于惯性质量，就惯性质量一面而言，所谓质量，本身就是量度一物惯性大小的物理量。

对惯性现象，人在日常生活中大抵习而不察，通常只在刹车时才能意识到其存在，然而，若能抽去万物的惯性或者说物宜之健，万物便将陷入一种既不能保持运动也不能保持静止的状态，其运动状态将陷入自相矛盾的悖论。

由前所论，可见《周易》对质量及惯性的认识已臻透彻，而且，这一认识并非孔子首创，它源自庖牺氏的仰观俯察，也是历代先王的共识。后儒失却了前人对物理世界的理解，西洋学者对惯性的认识却日趋明晰，从对亚里斯多德的怀疑开始，惯性学说由哥白尼、开普勒处肇端，由伽利略立其大体，后又为牛顿进一步完善而成为其三大定律之首，西洋学者对惯性的认识至于成熟，西洋物理学的第一块基石才终得安稳，这也是近代科学开始的地方。

至于惯性所自来，物理学界至今未能达成共识，马赫认为物之惯性是因此物与宇宙其余部分的相互作用而有，爱因斯坦对此也颇表赞赏。马赫的思路亦可谓造极乎形下，然而，惯性既然是通乎众物的物宜，那么人在形下世界中便永远无法找到它的成因。

或有人问："前面曾说，八物宜中的顺、动、入、陷、丽、止、说分别是宜顺、宜动、宜入、宜陷、宜丽、宜止、宜说之意，那么物宜之健何以不说宜健？"

之所以只说一个"健"字而不说"宜健"，因为"健"本身就已经包含了"宜于"的意思，如《释名》言："健，建也。能有所建为也。"一物质量越大，其物宜之健便越突出，它也就越宜于建为，亦即善于做功或者说制造效验，故而不须床上叠床，再加一"宜"字解说。

八物宜之健，其于八卦属乾。自然造物无不有质量，也无不有物宜之健，于人类而言，天是最大的存在，其物宜之健也度越众物，故而圣人以天为物宜之健的代表，如所谓"天行健"者。

古人说天不似今人仅指一层大气，古人所言的天极大，它有时包地而言，指自然界之全体，如《周易》所谓"大哉乾元，万物资始，乃统天"者；有时则以天来指示除地以外的自然界，如《列子》所谓"自地之上皆天也"。《周易》用以指示物宜之健的天是就后者而言，亦即除去地、水、火、风、雷、山、泽的自然界。

# 至纯

物必有形然后可被染杂，道体无形，便无物能与之相杂，故而其存在可谓至纯。

道体至纯，物则是气效法道体而呈现的存在，故而众物也都或多或少地彰显了道体的至纯特征，亦即皆有纯驳面向，若无纯驳面向，则物亦不足以为一物。同样，一物越是彰显道体的至纯特征，其物便越纯净；反之，一物越不彰显道体的至纯特征，其物便越驳杂。

道体一无染杂，众物可以无限接近于全纯，却终究不能达到全纯。众物之所以必有染杂处，因为凡物之呈现，都不可能凭空呈现，它们必定资取他物为材料然后生成自身，譬如植物之生成需要水土、动物之生成需要饮食，而水土、饮食之类本来便非纯净之物，众物赖以生成的材料便不纯，众物自身也必不能全纯。除此之外，因为万物之间一无罅隙，众物的微粒又总要飞扬腾跃，它们出乎此则入于彼，往来渗透，无时或息，因此众物也皆不能免除外物的染杂。

或有人问："譬如纯金与驳金、无暇的玉与有瑕的玉，其纯驳之别固然一望可知，因为它们都是材质单一之物，材质相异的地方便是其杂质。然而，天地间的材质单一之物少，复合之物多，如果说物物都有纯驳可观，那么譬如一块肥瘦参半的肉，人将如何分辨其纯驳？不能说肥处是纯处，瘦处是驳处；也不能说瘦处是纯处，肥处是驳处。"

论一物的纯驳程度，与此物是单一材质还是复合材质其实都没关涉，因为此处所论的纯净与染杂是就物而言，不是就其物之材质而言。肥瘦参半的肉，就材质而言固然可谓驳杂，然而若就这块肉自身而言，则不论肥肉瘦肉都是它的纯处，肉之外的部分，如其上的微尘之类才是杂处。同样，譬如火锅富含种种食材，然就火锅之为物而言，则种种食材都是火锅的一部分而不是它的驳杂处。故而说，所谓物的驳杂处，就是与此物同体却不属于此物的那一部分，如铁上的锈、饭中的沙、空气中的烟尘、衣服上的污垢之类。

或有人问："形下世界虽然富有万物，然而归根结底，组成万物的材料只是气而已，并没有气以外的材料夹杂其间，据此观之，是否可说万物在最微观的尺度下都纯而不杂？"

人或以为众物皆由一种细微且不可析分的基本粒子组成，倘实如此，则可以说万物在最微观的尺度下都纯而不杂。然而，儒家所谓的气与原子学说不同，所谓"构成世界的基本粒子"，这本是自相矛盾的概念，因为这些粒子若无形象，它便不足以堆砌成有形象的物类；这些粒子若有形象，那么它们又必定属于物类，亦即必有大小、虚实、结实程度等面向——它们并非不可析分，且凡物都必由更为细微的物类组成，这也意味着任何一物都不可能是基本粒子。

与所谓"构成世界的基本粒子"相较，气则不属于物类，它也并无自身的形象，它从来不会以一种有待于凝结成物的、单纯的物之材料的形式存在，气从来都在物之中，它唯以物的形下部分这一形式存在。所以，众物虽然皆由一气所演化，但不论在何等微观的尺度下观察，即便对一物进行无限析分，人所能见到的也总是物而不是气，而物又总有纯驳可观。

《周易》言："坎，陷也。"一物越是纯净，其物便越宜于陷，所谓宜陷，是指一物宜于陷身他物之中。

常见的生活用品往往质地纯净，人们却很难意识到它们的物宜之陷，譬如金玉、木石制品，它们通常并未陷于他物之中。之所以如此，因为它们早已被人类从自然界的重重陷泥中开采出来，不复自然的状态。

若留意自然造物，则可见凡纯净之物必定陷身于它物之中。譬如金玉纯净，其为物陷身岩层之中；珍珠纯净，其为物陷身贝壳之中；米麦纯净，其为物陷身壳麸之中；薯类纯净，其为物陷身泥土之中；果肉纯净，其为物陷身果皮之中；木材纯净，其为物陷身树皮之中；蛋液纯净，其为物陷身蛋壳之中；肉类纯净，其为物陷身皮毛之中。一物越纯净，其所陷便越深。

自然造物，不纯便不足以大，陷泥只是众物的涵养阶段。其在人又不同，人生之目的在于兴发，故而陷泥总属负面，因此，日常用语中凡有"陷"字者，其所指多为不幸之事，如诬陷、沦陷、缺陷、陷害、陷入低谷、陷入债务等。

除了时运之陷，人亦有主动之陷。小人的主动之陷是耽于声色玩好，这是自暴自弃之陷；君子的主动之陷则是养精蓄锐、自守其纯，这是一种积极之陷，如孔颜之用行舍藏，是《周易》所谓"不易乎世，不成乎名，遁世而无闷，不见是而无闷"者。豪杰之士，其躬有陷泥之时，其志无陷泥之时，如坎卦所谓"有孚，维心亨"，当坎水洊至，身临重险之时，其事无不陷泥而其志无时或熄，故而能常德行、习教事，素患难行乎患难，则行有尚而往有功。

常见的自然之物中以水为最纯，其物宜之陷也最凸显。水无处不在又常不可见，因为水的常态便是陷身他物之态，水或陷身杯盘，或陷身井泽，蒸腾为云则陷身于天，降为雨水则陷身于地，为动植所资取则陷身动植，故而说宜陷者莫过于水。扩充言之，则凡液态之物皆宜陷，凡固态之物皆宜止，凡气态之物皆宜入。

老氏言："上善若水，水善利万物而不争，处众人之所恶，故几于道。"水固然是利万物而有其德，然而风、雷、山、泽之类也莫不利万物，莫不有其德，水虽有一隅之善，犹不足以独称上善。于水之德，孟子谓之"源泉混混，不舍昼夜，盈科而后进，放乎四海"，老氏于此义则无所见，唯知水好下流而善伏藏，故而常能出人不意，时或以柔克刚而已。为人如此，是身行贼道，安得不处众人之所恶？老氏唯知法水，故而于水之真德亦不曾见；圣人法天，天者，天、地、水、火、风、雷、山、泽之全体，知天之德，然后可知水之德。

# 至生

《易》云"生生之谓易",此处的"易"字只是变易之意。万物都处在不断变易之中,这一点不难理解,然而依孔子之言,只见到万物的不断变易犹流于表面,万物之所以不断变易,乃是万物的不断生发使然。

宇内众物无不具有一种生发作用,如器物微粒之扩散、水之蒸发、火之焕发、植物之滋长、动物之繁衍、人类之创造等。不论何时何地与何物,它们都正在向周遭释放着自身,才有一物在,此物的生发作用便在,一物存在多久,其生发便要持续多久。

于众物的生发作用,人未必皆能察觉,譬如火的生发较为显著,瓦石之类的生发则不显著,然而瓦石既然无时不生发,它们也同样可以被视作一些持久而缓慢的火焰,以是观之,世界的确是一团永恒的活火。

尽管生发作用与万物相为终始,然而有些时候,一似佛家所谓的"成、住、坏、空",众物看似不止要生发,及生发到一定程度,它还要一转而趋于敝坏乃至消失。其实人若是略通物理,也不难得知众物之敝坏、消失仍是因生发而有的现象,一似水中的糖看似不断消解以至于无存，其实它只是不断生发而至于充塞。

同样，当一棵树开花结果时，其生发作用显而易见，及其渐渐枯萎死亡，这一过程在人看来已经不再是生发，而是消煞了。就实情而言，此时的树只是生机大不如前，它的生发却仍在继续，它掉落枯枝败叶，便是生出枯枝败叶；它化为埃土，便是生出埃土。于树而言，生发作用贯穿了其物生、壮、老、死的每一个瞬间，没有一种消煞能与之相对，如果有，除非如倒放的视频一般——泥土纷纷化作枝叶回到树上，大树又渐渐收摄为树苗乃至化作一粒种子隐没不见。故而说，生发实属绝对，消煞总归相对，一棵树是如此，万物也无不如此。

万物皆生发，其生发方式又各不相同。由低级到高级，众物的生发方式可以分为扩张、繁衍与创造三类。所谓扩张，是一物向外界生发其自身的现象，如器物之释放微粒、火星之发为烈焰、种子之生根发芽、鸟兽之体段浸长之类，在形下世界中，也唯有这种生发方式能够通乎万物；所谓繁衍，是一物除了时时扩张其自身，它还能生发出同类之物的本领，如孤木蔓延成一片森林、鸟兽孳尾至于成群之类；至于创造，则是人所独有的造物之能，如百工制造器物、艺术家创作作品、哲人立德立言等。

或有人问："万物确实皆有生发作用，然而，万物的作用又不止于生发而已，譬如汽车、火车之行驶，鸟兽之飞走，人之举手投足一类，凡此一物主动做功的现象也是物的作用，它们是否也属于生发作用？"

　　车行驶，不是车生出一个叫行驶的物，人之举手投足亦然，故而这些现象都不属于生发作用，虽然不是生发作用，这些作用却必因生发作用而呈现，因为它们是生发作用所带来的效验，或者说，生发作用以外的种种作用都本乎生发作用。如汽车、火车之行驶，自表面看来是机械做功而已，然而绎其原委，则火车行驶是因为蒸汽机的运转，蒸汽机的运转则本乎煤炭的燃烧；同样，汽车之所以行驶是因为内燃机的运转，内燃机的运转则本乎油气混合物的爆炸——燃烧与爆炸，二者都是剧烈的生发作用。机械是如此，在更为复杂的生物肌体亦然，食物中的碳水化合物、脂肪、蛋白质之类在体内会氧化生发，这些营养物质便是生物的燃料，动物进行物质代谢、肌肉收缩等种种生命活动都本乎这些营养物质的生发。故而说，机械与人体的做功，都本乎生发作用。

　　万物之所以无不具有生发作用，因为物之气无不效法物之道，而道体自身便是个具有生发作用的存在。宜注意的是，道体的生发作用不是道体八特征之一，它由道体的四个特征相协而见，四者分别是道体的至生特征、道体的至疾特征、道体的专直特征、道体的不已特征。气效法这四个特征，故而众物的生发作用也必定由通乎众物的四个根本形容相合而成——物之生发的多少、物之生发的快慢、物之生发的姿态与物之生发的持久。譬如泉水的生发作用，其作用必定包含泉水生发的多寡面向、泉水生发的快慢面向、泉水生发的形态面向、泉水生发的持久面向，四者协和，才有泉水的生发作用可观。

或有人问："众物固然皆有生发作用，而今说道体自身便有生发作用，这却未免难于思议。道体无形，形而上者又不能生出形而下者，如此，则道体所生发的究竟是什么？"

凡物之生发，皆是生发其自身，一似充塞树的内容便是树所生发的内容。与众物一样，道体也是生发其自身，其所生发的内容便是充塞道体的内容，唯其无形而已。道体所生发的内容虽然无形，却正因为这无形而实有的存在，道体才非空非无，确然存在。

道体的生发作用由道体的四个特征协合而成，然而，这一章只说形成道体生发作用的四个特征中的一个，亦即只论道体生发内容之多少这一面向。至于道体是以何种姿态生发，其生发的快慢程度如何，其生发的持久程度如何，凡此则留到后面章节详说。

就道体所生内容的多少论之，须说在每一个瞬间，道体所生的内容都无限多。道体所生的内容若有限量，它便不足以充塞宇内而为至大。因此，可以说道体具有"至生"这一特征，所谓"至生"，就是其生发一无限量。

道体有至生特征，众物皆效法这一特征而呈现生机这一根本形容。所谓生机，就是一物当下的所生之物是多是少这一面向。道体的生发一无限量，而众物当下所生之物的多少虽然无上限，却终究不能无限，因此必有多少可观，众物的生机形容也因此各自不同。一物越是彰显道体的至生特征，其物的生机便越大，此物当下的所生之物便越多；反之，一物越不彰显道体的至生特征，其物的生机便越小，此物当下的所生之物便越少。通乎众物的生机形容往往难于目测，然而不有这一根本形容，物亦不足以为一物。

众物的生机各有差别，如膏腴之地比贫瘠之地的生机大、高产的种子比低产的种子生机大、施肥的庄稼比未施肥的庄稼生机大、下蛋多的鸡比下蛋少的鸡生机大、产奶多的牛比产奶少的牛生机大、新泡的茶叶比泡过的茶叶生机大、大瓦数的灯泡比小瓦数的灯泡生机大、勤劳的工人比懒惰的工人生机大、流水线比手工作坊生机大。

或有人问："譬如一口老井，它曾经泽及一方，如今则几近干涸，那么此井的生机是大是小？如果说此井的生机大，它的出水量已大不如前；如果说此井的生机小，此井又确曾泽及一方。"

井水既然几近干涸，那么它的生机自然是小。在这里产生疑惑，是因为没有意识到凡论物之形容，都是就一物当下所呈现的样貌而言。万物皆在变易之中，万物的变易，就是其八个根本形容的变易，唯其变易或微或著而已。譬如万物皆彰显道体的至大特征而有其质量形容，但是物之质量总在变化之中，间隔越久，其质量的变化便越显著。通乎众物的质量形容是如此，生机形容也是如此。

即将干涸的井当下生机虽小，却可以说它的"生量"大。生量这一概念与生机不同，说一物的生机大小，是就此物当下生发的多少而言，生量则是一物由始至终的生发总量。生量不是物之形容，它只是一个数量，而这个数量因物之生机而最终积累而得。看物之生机，只须立足眼下；看物之生量，则须盖棺论定。故而说，一物的生机时时不同，此物的生量却一定不易，譬如新井比老井出水多，此时可以说新井的生机大，却不能说新井的生量大，因为当新井竭尽生量，它的出水也未必比老井多。

人或又问："说生机大小则较好理解，为其是一种形容且直观可见，说众物的生量一定不易，这一点却颇难领会。譬如若悉心照料一株麦子，它的产量便多，若疏于照管，它的产量便少。一株麦子的产量可能多也可能少，可见这株麦子的生量不只系于自身，还与其物的遭际有关。"

凡物之生量，都不是就可能性而言，而是就此物最终生发多少的实情而言。种种可能性源自人的判断，一株麦子却只存在于它的唯一实情中，一物的实情既然不二，那么此物最终的生量便无可改易，麦子是如此，万物亦然。

人之所以难以理解众物的生量概念，因为人们日常所见闻所思议的物，通常并非完整之物——它们更是像物的快照，亦即只包含此物的空间维度，不包含此物的时间维度。于实然世界而言，众物都是既延展于空间，又连绵于时间的存在——更为严格地说，空间面向与时间面向都不在物之外，它们只是众物自身的两个根本形容。

众物皆有其存在的持久面向，持久面向与通乎众物的其他七个根本形容一样，它由众物对道体不已特征的彰显而呈现，故而，众物之存也必有持久或短暂的时间面向。人常说"生生不已"，就道体而言，道体的生发是不已的生发，道体的不已是生发的不已。众物亦然，众物的生发是在其持久中生发，众物的持久是在其生发中持久，二者同终同始。故而说，瞬间的、一段时间的物都不是物之全体，只有将过去、当下、未来的物连接在一起而没有一分一秒的缺失时，它才是一个完整的物，所以眼中所见的井即便干涸，作为一个完整之物的井之生量也不曾因此减损。

人或又问："众物的所生之物各异，甚至同类之物的所生之物也不尽相同，譬如就画家而言，有的画家作品极佳，有的画家作品极劣，设使二人终身所画的作品一样多，此时能否说两个画家的生量相同？"

倘若如此，则二人作品的品质虽然悬绝，其生量却并无二致。之所以这样说，因为一物的生量只与它生物多少有关，与其所生之物的品质并无关涉。众物所生之物的品质只与一样东西有关，那就是生此物者自身的品质。同是画家，造诣却相倍蓰，其画作的品质也只与其人的造诣一以贯之，故而说，作品质量的差别不是二人生量的差别。

前面曾说，生机是一物当下生发多少的形容，生量则是物自始至终的生发之量。在物理学的解释系统中，与生量最为接近的概念就是能量。人对能量概念虽然耳熟能详，学界对能量本质却仍在探索之中，因此，不能说能量就是生量，却不妨说能量最好的定义就是生量，如果人们能够企及能量的本质，则将发现一切能量现象都本乎物之生发，众物若没有生发作用，则万物皆静，一切做功现象也都失去了动因。

人们或将能量理解为寄身于物中的某种存在，然而不论如何深入，人也永远无法在物中找到一个叫能量的存在。也确曾有科学家试图将"纯能量"从物质中提取出来，然而其实验终以失败告终。就科学探索而言，此事固可寄望于未来，然就儒家学理观之，这种实验不存在成功的可能性，因为能量现象本乎物之生发，而生发又是物之形容，人们不可能将物之形容从物中提取出来。

在物理学系统中，能量自身不可得而见闻，但在物之位移、发光、发热等一切物理现象中，人们都可以用能量概念对其进行描述。能量概念在人类的长久的思索与实验中确立，它确然联结并贯穿了许多物理现象，在实际操作层面，这一概念也为技术应用带来了莫大助益。然而，尽管人类理解世界已经离不开能量概念，物理学界却至今不曾把握能量的本质，人们所能把握的，只是因能量而有的现象，所以，"物质时空分布可能变化程度的度量"这一定义仍是现象描摹，并不曾道出能量的本质。

在牛顿的解释系统中，静止之物没有能量，这一说法已为现代人舍弃，因为质能方程已表明一物静止时仍有能量。质能公式旨在解释核变反应中的质量亏损和计算高能物理中的粒子能，故而物理学家只会说质量与能量之间存在某种联系，常人却每每基于对公式的望文生义，以为能量与质量可以互相转化，甚至以为能量就是质量、质量就是能量，这想来不是爱因斯坦本意。出乎狭义相对论，在广义相对论和量子力学中，能量概念虽然同样必不可少，然而，其学说仍不涉及对能量本质的讨论。

会通生量与能量这两个概念，不妨从能量的定义入手。能量的定义是"物质时空分布可能变化程度的度量"——一物的时空分布可能变化程度越大，其物的能量就越大；一物的时空分布可能变化程度越小，其物的能量就越小。这一定义显然比"衡量一物能做功多少的物理量"更为深入，因为它不再立足于经典物理视角，会使我们马上想到通乎众物的生机形容，物之生发，正是在时空之中生发，而一物的时空分布可能变化程度，全然取决于此物生量的大小。一物的生量越大，其物的时空分布可能变化程度就越大，其能量也就越大；反之，一物的生量越小，其物的时空分布可能变化程度就越小，其能量也就越小。

《周易》言："兑，说也。"一物越是彰显道体的至生特征，其为物的生机就越充足，其为物也越宜于"说"。

于八物宜之"说"，前辈学者皆谓之"说通悦"，然而此解不可从。物宜之"说"如果是喜悦之意，那么它便与健、顺、动、入等七者不相类，因为悦只是一种心情，它并不像健、顺、动、入那样可以通乎万物。同样，"悦"若可以位列八物宜之一，与之相对的"忧"也当据一席——《说卦传》也确有"坎为加忧"，然而，坎卦所象征的物宜却不是"忧"而是"陷"，坎卦所象征的物宜既不是"忧"，兑卦所象征的物宜便也不当为"悦"，否则便是举一废一。

《说文》言："说，说释也。"段氏注曰："说释者，开解之意。"此义得之。说一物的物宜为"说"，不是说此物宜于喜悦，而是说此物宜于开解自身以向外界释放，八物宜之"说"若以一字为训，它便只是"释"。

故而，对《周易》一经中出现的许多"说"字，不必如前儒般将此处训为"言说"，彼处训为"喜悦"，他处又训为"脱"字之类。《周易》中的"说"只训为"释"便皆可通——如"用说桎梏"，是释桎梏于手足；"舆说辐"，是马车的辐条脱释；"执之用黄牛之革，莫之胜说"，是以黄牛皮捆缚，使其不得离释；"先张之弧，后说之弧"，是先张弓要射，后又释弦不射；"咸其辅颊舌，滕口说也"，是说人不思行动，只滔滔不绝以求口舌之释然；"损上益下，民说无疆"，是行损上益下之道，释民众之困顿以至无疆；篇名谓之"说卦传"，是详释八卦之传文；"能说诸心，能研诸侯之虑"，不是说乾坤之道能让人心愉悦，只是说易简之理能开释人心困惑；"说万物者莫说乎泽"，使万物释然者莫过于泽；"入而后说之，故受之以《兑》"，是说物必纳入他物然后能释放他物；"说而后散之，故受之以《涣》"，是说物必释放而后消散，故而以涣卦接续兑卦。

检之史册，孔子之时并无"悦"字，只有"说"字，五经唯《伪古文》三篇用"悦"，据此亦可知其为晚出。当孔子之时，"说"字意蕴犹宏阔，以口舌传情达意是说，以文字解释是说，心绪开解是说，出离困顿是说，松开弓弦、解开绳索也是说——凡物之释然皆谓之说。如《论语》开篇言："学而时习之，不亦说乎？"此处不必遽然谓之"说通悦"，以"悦"字解"说"字，文意迫切且不自然，学习固然能令人喜悦，但人也绝不至于才学才习便心生喜悦。此处的"说"只是释然之意，学而时习之，则心境与生活皆将渐渐释然，一如花苞总须渐渐开绽，人心也必日趋释然而后可得喜悦。

万物之释然皆可谓之"说"，而"说"字又常用以形容心之释然，故而战国时又分化出更为精确的"悦"字，及有"悦""脱"等后起字，"说"字本身又转而渐渐狭窄，最后只剩借口舌传情达意的意思，亦即只剩今日"说"字的意思。

一物的物宜之说越凸显，其物便越宜于向外界释放自身。

人常对宜说之物加以利用。如植物中可食者虽多，却以五谷为宜说，故而人播种五谷以果腹；禽类中产卵者虽多，却以鸡鸭为宜说，故而人饲养鸡鸭以充庖厨。日常用品中，香水、方糖、作料、药片之类也都是宜说之物。

自然之物中，生机充沛者莫过于泽。人或以为泽就是地中有水之处，或者以为泽是地与水的结合体，其实不然。就本质而言，泽只是生物丰富、向外界大量释放自身的物类。仅就地球环境而言，泽也不只是地中生水之处，井泉、沼泽、湖泊、海洋固然是泽，但油田、熔岩坑之类也是泽属。

一般来说，泽所生发的只是水，泽水时时滋润一方土地，补充地下水脉；泽水又时时上腾，是天地间云行雨施之本。除了泽及天地，泽水又可以滋养动植与人类，古时凡有人迹处必有井，是所谓"井养而不穷"者；今日城市不见井泉，却有水库，是城市所一日不可或缺者。要之，泽看似静止于一地，然而只要有泽在，便无物能阻止它将自身释放于万物，如《周易》所谓"井，居其所而迁"——井止于其所在却不断向四外释放自身，故而说自然界以泽为最宜说。

或有人问："《说卦传》言：'说万物者，莫说乎泽。'泽之所以能使万物释然，只是因为它滋润万物。如此，《说卦传》似乎说'说万物者，莫说乎水'更为恰当。"

泽是井、泉、湖、海之类，泽之所以能使万物释然，不止在于泽中有水，而且在于它能将水输给万物；八卦以坎卦象征水，坎水则纯是水而已，纯水的作用不是使万物释然，只是使万物滋润。泽将水输入万物，然后水才能起滋润之用，所以经文说"润万物者，莫润乎水"。论区别，则一者譬如临水而饮水，一者譬如落水而饮水，饮水固然不二，却一者饮以生，一者饮以死，故而《说卦》唯言"说万物者，莫说乎泽"。《说卦》立言之精密，往往如此。

# 专直

## 一

一似喷泉之水的生机必定范围在喷泉的动态之中，无喷泉之动态，则喷泉之水不能生发；同样，喷泉之动态也必定为喷泉所生之水所充塞，无喷泉所生之水，则喷泉之动态亦不得虚悬。故而说，道体既然生发，便必定有其生发之态，道体的生发之态就是道体的动态。道体的至生特征与道体的动态特征虽然未尝离析，却又各有地头。

道体若是个无动态的存在，那么宇内之气便无所效法，只能是块然不动的死气。道体实有其动态，宇内一气才因以呈现自身的动态，一气又析分而见无数具体之物，万物也无不因彰显道体之动态而呈现自身之动态。

宜注意的是，论物之动态，只是论其运动的态势而已，并不涉及其运动的其他面向，如其物的运动是疾是徐、是持久还是短暂之类，凡此都系于此物对道体其他特征的彰显，与此物的动态面向并无关涉。譬如论人的步态，则只论其人走路的姿态而已，至于其人是大是小，走得是快是慢，是近是远，凡此都与步态无关。

对道体有生发之态这一点，儒家学者或不无认同，至于道体之动态究竟是怎样一种态势，学者多难言其详，或者囫囵谓之"作用""流行"云云，其实《周易》对此曾有明言，孔子说：

> 夫乾，其静也专，其动也直，是以大生焉；夫坤，其静也翕，其动也辟，是以广生焉。

此节经文在《周易》解释史上向来不受重视，对此节经文的理解，三国宋仲子之注解较有代表性，宋仲子言：

> 乾静不用事，则清静专一，含养万物矣；动而用事，则直道而行，导出万物矣。一专一直，动静有时，而物无夭瘁，是以大生也。翕，犹闭也。坤静不用事，闭藏微伏，应育万物矣。动而用事，则开辟群蛰，敬导沉滞矣。一翕一辟，动静不失时，而物无灾害，是以广生也。

宋氏说法，于"专""直"二字的解释不无所得，然而，其说法有一个虽不明显却根本性的错误——孔子明言"夫乾"，宋氏则信手作"乾"，不知《易》例之严与《春秋》同，孔子言"乾"与"夫乾"、"坤"与"夫坤"，其所指皆有差别。

一如《论语》所谓的"夫执舆者为谁""夫人不言，言必有中"之类，当孔子将"夫"字置于句首时，它并不是一个无意义的发语字，而是特指某人某物，"夫人"犹言"斯人"。《周易》言"夫乾、夫坤"处凡三见，凡言"夫乾"，都不是说乾卦或者那些可以取象乾卦的天、君、冰、玉之类，"夫乾"是特指那个最为特别的乾象之存在，亦即特指乾元道体而言；凡言"夫坤"处也是一样，皆是特指坤元之气而言。如果"夫"字只是个无意义的发语字，则经文只说一个"夫乾"便好，不需要在一句话中两作发语而曰"夫乾""夫坤"。宋氏未知"夫乾""夫坤"的所指，大概只将二者看作形而下的阴阳二气之类，故而以为乾元能"含养万物""导出万物"云云，后世注解如孔疏等，其所失也大抵与宋氏相类。

历代注家中，晋人韩康伯之解说似较高明，韩氏言：

> 专，专一也。直，刚正也。翕，敛也。止则翕敛其气，动则辟开以生物也。乾统天首物，为变化之元，通乎形外者也。坤则顺以承阳，功尽于己，用止乎形者也。故乾以专直言乎其材，坤以翕辟言乎其形。

韩氏虽然亦未区分"乾""坤"与"夫乾""夫坤"，却能明言此处的"乾"是"通乎形外者"、此处的"坤"则是"用止乎形者"，相较许多易学家，韩氏将形而上下截得十分明白，据这一节注解看，韩氏于孔子之意可谓已见大体。然而，若对韩氏易学有整体把握，则可知韩氏对此节经文的解释仍属似是而非——其人所谓的"通乎形外者"，乃是玄学家所谓的形而上者，一如韩氏所自言——"道者何？无之称也"，韩氏只是把形而上之道作"无"看，故而其说亦失正鹄。

因为未得要领，于此节经文，前辈学者虽可作囫囵解释，却也只能解过便了，无从发挥。

所谓"夫乾，其静也专，其动也直"，"夫乾"特指道体而言，"专"是专一不宣之意，"直"是直遂外施之意。当道体趋于安静时，道体的生发之态趋于专一不宣之态，当道体由静而动时，其生发之态则趋于直遂外施之态。譬喻言之，道体的动态，就好似一盏才明亮到极致便趋于黯淡、才黯淡到极致便趋于明亮的灯，这盏灯虽如呼吸般一明一暗相继，它却时时都在释放光明而未曾熄灭，故而其光明也一直充塞宇宙。道体的动态只是一专一直、一直一专地循环不已，道体之静与道体之动并不相对，道体之静只是道体之动的一个节点，就好像秋千摆到至高点时，固然可以说它安静，但这个瞬时的安静也只是秋千之动的一部分。

或有人问："以明亮到极致便趋于黯淡、黯淡到极致又趋于明亮的灯来形容道体的'其静也专、其动也直'，看起来颇为相契，然而其中犹有可疑之处。灯是有形之物，不论其光是明是暗，其光时时皆由一点而向上下四维辐射。道体若是个有形象、大小的存在，则不妨在其上指出个中极一点，说道体是在这一点上兴起一专一直的生发之态，然而道体至大且无形，这就决定了任何一点都不足以指为道体的中极之处。"

道体诚然是至大且无形，它也因此而绝无中极一点。不过，道体虽然至大，它却与万物互寓其宅，充塞形下世界的只是万物，而万物皆有大小、形状，故而凡物皆有其中极之处，道体一专一直的动态，正是在众物的中极之处蕴蓄和兴起。

之所以这样说，因为所谓"夫乾，其静也专，其动也直"是就形上之道而言；与之相对，孔子又言"夫坤，其静也翕，其动也辟"，这则是就形下之气而言。"其静也专，其动也直"的是道体之动态，它不可得而见闻；"其静也翕，其动也辟"的则是气效法道体之动态而呈现的动态，气之"翕"是对道之"专"的效法，气之"辟"是对道之"直"的效法，静翕动辟是具体而微的、粗糙失真的静专动直，虽则如此，它却有形象可供见闻感测，因为万物无不或微或著地呈现着这一根本形容。

细说起来，"其静也翕"的"翕"不是全然闭合的意思，"翕"是看似闭合却仍不失宣发的状态，一如孔子描述音乐的结构而言"始作，翕如也"，音乐既已开始，便不可能没有声音，只是有个渐渐加强的过程。道体之生发，是在直遂不已的基础上呈现一衰减一增益的节奏，物之"翕"属于相对，物之"辟"则为绝对，一翕一辟只是万物在不断生发中的律动，一似火焰总在一翕一辟地律动，火却始终在向外释放光明而非一吐一纳。孔子言："生生之谓易。"之所以不单言"生之谓易"，因为从"生生"二字中能见到通乎万物的静翕动辟之律动，其翕处只在前后两个"生"字中间。

故而说，物之所以皆能效法道体之动态而呈现一翕一辟之态，不是众物能效法自身以外某处的一专一直，即便自身以外的某处有道体的一专一直，众物也不可能知觉并效法它。道体的一专一直本不在物外，它就是物的形上部分，而物也只是时时以其形下部分效法其形上部分而已，其物兴起一翕一辟之态的那一点，就是道体兴起一专一直之态的那一点，它们彼此重合。所以，通天下只是一个道体，道体却并非只有一个宏观的一专一直之态，万物中无不有道体的生发之处，一沙一尘皆然。譬喻言之，万物好似形态各异的灯笼，道体的生发则是众灯之光，每一盏灯的光都足以遍照宇宙，众灯之光虽然各有本源，其光却彼此交融，不分彼此。

宋儒常言"理一分殊"，或是对此有所觉察，然而宋儒未知道体之动态，故而其说往往模棱含糊而近于佛说。如朱子曾借"月映万川"为喻，言"如月在天，只一而已；及散在江湖，则随处而见，不可谓月已分也"，此喻的失义之处在于，喻中唯有空中之月是真月，而江湖之月皆是假象，就实情而言，则万川之月皆是真月，唯独天上无月。

万物皆以一翕一辟的动态生发其自身，其翕是翕自此物的中心一点，其辟是由此物的中心一点开辟，围绕着这一点，凡物之全体便皆有一个出类拔萃的中枢主宰之处，相较于此物的其他部分，这一部分总是更为重要，于自然造物而言，物之生成是由此处生成，物之作用是自此处作用，物的精华处是此处，物的要害处也是此处，这个中枢处便是众物的心。

说万物有灵，其事固属诞妄，说万物有心却与实情相当。

天然且完整之物莫不有心，日月星辰、生物细胞、微观粒子莫不有其核心；岩石看似块然，其中心却可以孕育金玉；草木以芯为心，果实以核为心，凡此都是植物之枢要；至于动物，其枢要之处同时也是其灵明之处，动物之心可以使其主动饮食繁育、趋利避害。至于人，又是生物之佼佼者，其心念虑相继，藏往知来，是人之所以动天地者。

人体的中枢是心脏，它时时跳动，也是人体最能彰显静翕动辟之态的器官，人们通常所说的心却不指心脏，而是心灵。心灵是一身的主宰，它虽然近乎无形，却仍是有迹可觅的形下之物，相当于古人所说的魂气。今人以脑为心，实情则未必然，若以电脑来比拟，心灵好似处理器与内存的集合，脑则像硬盘、显卡、声卡之类的集合。脑一方面储存知识、记忆，一方面又整理感官所呈现的信息供心裁断，心既有所裁断，它又要据其裁断而支使一身付诸实践。心一动，脑便动；脑一动，心便动，二者虽然同时运作，然而脑的工作始终究只是辅相心灵，它介于心灵与四体百骸之间，一似政府介于元首与民众之间。心与脑虽有乾坤两道的关系，心之作用却微妙难测，脑之作用则迹象昭著，今日技术不足以探知心之作用，却可以探知脑之作用，这大概也是今人以脑为一身之主宰的原因。

心灵不是心脏，然而依学理推测，心灵大概也不在心脏之外，至少其萃聚处当在心腔，故而手术之后的"半脑人"虽然常常记忆缺失、感官紊乱，其性情却不受影响。反之，换心手术的病人虽然不失记忆，其性情却常常大变，仿佛换了个人，这大概因为魂气已为外来者所主。观历史记载，肉体业已消亡而魂气仍在，甚至凭附为厉的事迹亦不少，这也是心是魂气而非大脑的旁证。观其记载，人死而化作游魂之后，其记忆往往大段泯灭，仅存片段之执念，由是亦可知心虽能储存记忆，其所储存的记忆却极少，只如电脑内存一般。此外，各民族之语言皆不约而同地以"心"称呼人类赖以思虑的存在，这也未尝不是一种应当重视的现象，学者格物宜无所不至，固不当因一世常识而废思其间。

人或又问："观所论，则万物莫不有心，它也是万物的兴发之处。然而，譬如玉镯也是一物，玉镯的心又在何处？"

说万物皆有其心，这是就天然且完整的物类而言，天然且完整之物的残片或者出于人工的器物则未必有心。若留意自然界，可知天然的造物虽然形态各异，却没有天生的环状物、筒状物，即便有些物类确呈环状、筒状，它也是整全之物的碎片或由外力塑造而成，譬如烟圈、裂成环状的螺壳、朽成筒状的树干之类。同样，与其说玉镯没有心，不如说琢成玉镯的那块玉的心已经被人为地挖空了。而且玉镯之整体虽然无心，然就细部观之，则玉镯的一身仍有许多心，作为一块石头，玉镯必定有其内在的纹理走向，倘若条分缕析，则每一条纹理都是单独一物，它们也各有其心；若再进一步观察，则玉镯又由许多微观粒子构成，无数微粒也莫不有心。

# 二

道体以静专动直相续的态势生发不已，万物无不效法这一态势而呈现了静翕动辟的生发之态，静翕动辟之态也是通乎众物的八个根本形容之一。

一物越是彰显道体的静专动直之态，其物的静翕动辟之态便越显著，或者说，其一波一波向上下四维生发的动态便越显著。反之，一物越不彰显道体的静专动直之态，其物的静翕动辟之态便越不显著，亦即由静翕动辟这一作为原型的动态而走作。一物若全不彰显道体的静专动直之态，它便没有动态，没有动态，则物亦不足以为一物。

静翕动辟的生发之态通乎众物，然而人类目力有限，人眼既不足以深入物之内涵，也不足以遍观物之外延。当物之变动缓慢时，人眼便以之为静止；当物之变动迅疾时，人眼又难以捕捉。与此同时，众物的生发之态又常被外界的变动扰乱，因此，静翕动辟之态虽是众物皆具的根本形容，人却往往不能察觉。

人若能无限缩小自身以观察一粒微尘，那么当缩小到一定程度时便将发现，微尘不再是一个致密完整之物了，它看起来更像一个云团，而且它正在由核心部分不断向外界释放着一波波更小的微尘。

当我们锁定云团中的某个微尘并持续缩小自身，到达某一倍数时会发现，这微尘看起来也只是一个云团，它也正在一波波地向四外辐射更为细小的微尘。随着人的不断缩小，这种形象的演化永无止境——当下看是一个确然之物，放大到一定程度时，便能发现它其实是个具有一翕一辟之态的云团。

物无不具有静翕动辟这一根本形容，故而凡天然且完整的造物，它们必定会被这一形容塑造成一种重重套嵌的动态结构，这结构中的每一层都兴起于物之心并向上下四维推廓，唯其分层之间的界限显著或不显著而已，这种重重套嵌的动态结构，便是一切自然造物的共通结构。物的内部是如此，物的外部是如此，物的可见处是如此，物的不可见处也是如此。譬如地球有地心、地幔、地壳的分层；树有树芯、重重年轮与树皮的分层；果实有果核、果肉、果皮的分层，蛋有蛋壳、蛋清、蛋黄的分层；动物有内脏、肌肉、皮肤的分层。巨大者如星月，细微者如细胞，其结构莫不如此。其实说物内、物外、可见、不可见，这都是就着人类的目力而言，天下之目有相近的拘限，但物自是完整而浑全的存在，它们不曾因人的目力所限而有所改变，故而不论物内物外、可见处与不可见处，道体的一专一直一以贯之，物的一翕一辟也通乎全体。

能理解这一点，则可知人眼所见的物皆非物之全体，它们只是物之真身本相的一部分，人们所能看到的，只是物的多层结构中的一层或数层。一似人仰望太阳，人其实不是在太阳外仰望太阳，人是在太阳中遥望它的凝聚处——阳光正是太阳之全体的一部分。故而说，人之观物，就好比置身于俄罗斯套娃之中观套娃，人通常只能看到一个套娃并以为它就是物之全体，但这个套娃之内还有无数更小的套娃，人的背后也有无数更大的套娃。

众物皆由其心一翕一辟地生发自身，而众物又必定由无数细部之物构成，故而物之整体有由其心而重重推廓的生发之态，物的每一个细部也有这种由其心而重重推廓的生发之态。这情形，就好似一颗礼花由中心开绽而呈现重重火花，每一个火花又都由中心开绽为重重火花，每个绽放的火花都自成一体，漫天的火花又只是一体。

先王之为天下、国、家以及个人创制，也多本乎这种重重推廓的动态结构。如就天下而言，则先王既建万国，又以王畿外每五百里为一圈域，分设甸、侯、宾、要、荒五服，文明之兴发，必随五服之等而演进；就一国而言，则有国中、郊、野之分，此亦具体而微之五服；就一家而言，则有宗法制度，凡大宗皆为小宗之心，凡小宗皆为大宗之体，如此虽万世而本末不紊；及就一人观之，作为一种人生制度的大学之教也不外此，人欲明明德于天下，必由修、齐、治、平之规模，而其所新之民，也仍由这一规模兴起。

先王创制，并非仅仅出于对自然之文的模拟，其中还有一重用心，那就是通过这些制度使为乾道者皆得其所在以垂范，使为坤道者皆有所观瞻而效法。如五服制度中，天子之所在如北辰一般，是天下所效法的乾道，与此同时，每一个相对靠内的圈域都较其外邻的圈域为文明，是外在圈域所当效法的乾道；

每一个相对在外的圈域虽较在内的圈域为野蛮，他们却因为毗邻更为文明的圈域而有所效法，因此，虽蛮夷亦有渐进于中国之可能。

《大学》之制亦然，人必修身然后可以为一家之乾道，一家有乾道然后家人为坤道，家人效法乾道而后家得以齐；一家既齐，然后可以为一国之乾道，一国有乾道则诸家为坤道，诸家效法乾道而后国得以治；一国既治，然后可以为天下之乾道，天下有乾道则列国为坤道，列国效法乾道而后天下平。

五服制度、大学制度是如此，其他制度如冠、昏之礼亦然，当成年或婚姻的第一天，人们为年轻人举行冠、昏之礼，因为这一天的生活必须成为一种典范，其后的每一天都应该效法这一天，变成这一天的延续。这就好似大人常在孩子的习字本上写上字头，为的就是让他在后面写每个字时都能照应到它，能够效法这种准确而美丽的典范。

先王制度，唯其通乎自然之文且尽垂范效法之义，故而先王之制实可谓"立之斯立，道之斯行，绥之斯来，动之斯和"，非前人格物精湛，不至于此。

如前所论，众物效法道体的静专动直之态而呈现静翕动辟之态，这一动态便是形下世界的万般动态之本，也是通乎众物的八个根本形容之一，然而对此形容，人实难于得见其全，因为人眼不足以尽见众物的分层结构，通常只能见到其中的一层，亦即所谓的物之表层。因此，于人而言相对易见的只是众物在目力所及范围内的生发之态，如焰火的绽放之态。

然而，对于目力所及范围内的生发之态，人眼仍未必可以时时察觉——当众物的生发迅疾时，人眼可以察觉其动态，如焰火的绽放之态；而当众物的生发迟缓时，人眼便不觉其动而以之为静态，如面团的膨胀之态。常见之物如山石、建筑、树木、器具之类，其生发之态皆缓慢，人眼不足以见其生发之动态，眼中所见的，只是其类的静态形状而已。

　　人们惯于说某物是某种形状，然而，严格说来，众物并没有一定不易的形状，所谓形状，只是物在生发过程中的一个瞬时之态，它只是物之动态的快照。在目力所及的世界里，山石、建筑、树木、器具之类的生发皆隐微，因此人常以之为不动，进而又以为此物有一定不易的形状，然而，若观察水火、云烟之类，也不难意识到土石、器具之类也只是些动态缓慢的水火、云烟。

　　譬如一棵树，在其生根、发芽、开花、结果这些连绵的生发之态中，人其实找不到一个树之形状，才指出一个树之形状，这形状便有了变化；又如一只小猫，人们也惯于认为猫有一个固定形状，然而其跑跳、玩耍、啼叫、洗脸时也皆有形状，人们心中那个不系于种种动态的猫之形状并不存在，人们心中那个猫的形状，只能说是猫的常态。

　　因此就实情而言，众物只有动态，并无形状，静态的形状只存在于几何学中。然而，尽管众物实无形状可言，在人眼中，众物又确然皆有形状，人们也惯于借助形状来认识万物，所以也不必废弃形状这一人所共识的观念，能知道它们并非一成不变即可。

　　道体八特征中，只有一个静专动直的动态供众物效法，使众物有以呈现其动态面向，故而就人所惯用的、静态的形状视角而言，天然且完整之物的形状也无不由静专动直之态所塑造，为其由中心作一翕一辟之动态，故而一物越是彰显静专动直之态，其物在人眼中的形状就越近于"一中同长"，亦即趋近于球形。故而说，球形乃是自然造物之所以有万千形状的根本，球形以外的种种自然之物的形状，哪怕全然不见球形的痕迹，它们也只是走作的球形。

　　自然造物中的球形之物历历可见，譬如地球与日月繁星皆是球形；天地间火必炎上，水必就下，二者皆不拘于一定形态，然而在无重力的空间中，水火却都是近乎完美的球形；生物的有生之初或为种子，或为孢子，或为卵生，或为胎生，它们都趋近球形，及生物长大，其整体或早已无球形可见，然其细部之物如细胞、瓜果、花苞、脏腑、眼睛、大脑之类犹离球形不远。

　　反其道以观之，自然界也有许多并非球形的存在，甚至所谓的球形之物，它们也只能无限趋于球形，绝无成为完美球体的可能。之所以如此，因为造物所值之气千差万别，故而物对道体静专动直之态的彰显也各自不同，一似人用随机给定的积木去拼一个球形，即便尽力为之，其所拼成的形状也各自不一。与此同时，一物即便本身趋于球形，它也可能受环境影响而改变形状，如核弹在水下引爆的瞬间是个近乎完美的球形，然而这球形很快便因为地面弹力、海水阻力以及地球的重力等变为蘑菇状。又如路旁随处可见的、棱角分明的小石，它们虽然也是自然造物，却只是自然所造的完整之物的碎片，故而在其上寻觅不到球形的痕迹。

或有人问："道体只有一个静专动直的动态，而形下之物除了通乎万物的静翕动辟之态，它们还常能呈现出许多特殊动态，所谓特殊动态，就是物的生发之态以外的种种动态，如机械的运转之态、飞禽的鼓翼之态、走兽的跑跳之态、人的行止坐卧之态等，这些动态不知源自何处？"

如前面"至生"一章所论，生发作用通乎万物，它合一物的生机、动态、快慢、持久四个根本形容而见；除此之外，众物也常有其特殊作用，所谓特殊作用，就是一物因生发作用而呈现的其他作用。构造简单的物类只有生发作用，譬如沙石之类，特殊作用唯在高级之物上呈现，如生物的新陈代谢、心跳、运动、思虑等生命活动，众物的特殊作用往往不止一端，然而一似鸟能飞而不能游、鱼能游而不能飞，众物的特殊作用都不足以通乎万物。

特殊作用不是生发作用，但特殊作用是物因生发作用而有的效验，它们的呈现，皆本乎此物内部或外部之物的生发作用，而特殊作用所呈现的动态面向，它们同样本乎生发作用，一似炮弹之所以呈现飞行之态是火药的生发作用使然。故而说，特殊作用的动态面向不是物对道体之动态的主动的、直接的彰显，而是一种被动的、间接的彰显。

# 三

孔子言："离，麗也"。离卦所象征的物宜为麗，然而，于物宜之麗的所指，前辈学者的解说未可遽从，仍须细说。

《周易》经文中有"麗"字，同时也有"丽"字，两字的所指不同，"丽"字是"相偶为二"之意，亦即两物相连附的意思，"麗"字则别有所指。

大概远在许氏《说文》以前，学者便以为两字只是写法有异的一字，故而许氏之解说亦从众。许氏知"丽"字是二物相偶、彼此连附之义，便推释"麗"字而言"麗，旅行也"，所谓"旅行"，就是结伴同行之意。既觉意味不足，许氏又曰："鹿之性，见食急则必旅行。"意谓鹿之天性，见食则必定呼唤同类，与之结伴。许氏盖据《鹿鸣》之意而尽力弥合"麗""丽"二字，然而"旅行"与"连附"终不吻合，其对"鹿"旁的说法也实牵强。"丽"之连附，只是就两物相连而言，如《周礼》所谓"丽马一圉，八丽一师"，鹿则结群而居，一牡常配十牝，呦呦鹿鸣，固不至于只召一只便了。动物之中多有雌雄结对者，如大雁与狼之类，造字之人若欲表相偶而行之意，何必非鹿象不取？

尽管《说文》的说法可疑，易学家却常将《易》中"麗""丽"二字抄写作"麗"而解释为"连附"，进而又以"连附"为通乎众物的八物宜之一。然而，离卦固然可以象征连附，离卦所象征的物宜却绝无可能是"连附",因为离卦所象征的物宜若真是"连附",那么兑卦所象征的物宜就不当为"说"而当为"附决"——《说卦传》言:"兑为附决。""附决"是连附的东西相分离,其意味与连附正相反。"连附"若是通乎万物的物宜,那么与之对反的"附决"也当是八物宜之一,否则便是举一废一,"附决"既然不是八物宜之一,那么"连附"也不是。

民国林药园《文源》始区分"麗""丽"二字,其人言:

> "丽"象两两连附之形,与"麗"不同字;"麗为旅行",其说未闻。麗本义当为华丽,取鹿毛色麗尔也。

林氏之言可谓明白,然而"麗"字之所以从"鹿",却并非取鹿皮华丽之意。中国境内,鹿有数十种之多,其中唯梅花鹿之皮毛略可观,而走兽之中,皮毛华丽者终是虎豹,其炳其蔚,鹿自不足与媲美。

至此,于"麗"字的所指,在文字演变之中已是颇难求索,唯有在经义中再绎端绪。

于《序卦传》,孔子言:"坎者陷也,陷必有所麗,故受之以离。"由此言可知,陷与麗乃是因果关系。物常陷身于他物之中,陷就是一物为外物所包裹、禁锢的状态,但物又不能止于陷泥而已,若是止于陷泥,则物皆将恒存不散。"陷必有所麗",麗就是一物自发出离陷泥的状态,出离陷泥,则必然兴起于内、发见于外,所以不妨说"麗"乃是一种兴发之貌,所谓兴发之貌，就是一物向外界舒展自身的姿态。万物之所以必能兴发于陷泥之中，因为万物自身便具有静翕动辟这一形容。

自卦象角度观之，坎离两卦的卦象相反，坎卦是一阳陷于二阴之象。坎卦中爻虽为二阴所禁锢，阳爻却刚健好动，固不甘于拘蔽而要发现于外，故而当中间的阳爻一旦蓄极，它便要兴发，如此，则坎卦化作离卦——离卦中央虚而静，周匝实而动，是精华外宣、辐射开绽之貌。庖牺氏以坎卦象征物宜之陷，以离卦象征物宜之丽，"陷必有所丽"的演变便自在其中，其设象可谓深切著明。

以经文考之，则孔子于《离》卦彖辞言：

> 离，丽也。日月丽乎天，百谷草木丽乎土，重明以丽乎正，乃化成天下。

其《象》曰：

> 明两作，离。大人以继明照于四方。

所谓"明两作"，就是"明两兴"，是光明两度兴发之意。若如前人将丽字解为"连附"，则象辞的意思只是"日月附于天、百谷草木附于土、大人光明相继以附于正道"，如此，则经文与他卦象辞相比，委实寡味。此间的"丽"字若取兴发之意，则经义亦可谓之焕然。"日月丽乎天"，天精凝聚，然后日月光华兴发于天；"百谷草木丽乎地"，地气荟萃，然后百谷草木兴发于地；所谓"重明以丽乎正"，不是说大人附于正道而已，大人自昭明德而躬行正道，是大人弘道，非道弘大人；大人由仁义行，非行仁义而已。

观他经，如《诗·文王》言"商之孙子，其丽不亿"，注家于此"丽"字皆训为"数"，然而"丽"字向无此训，训为"旅行""相偶""连附"之类亦不可通，唯取"兴发"之意，诗意最为畅达，此句只是说商之后裔，兴荣繁衍不止亿万，也与诗中"文王孙子，本支百世"相映。又如《书·顾命》言："昔君文王、武王宣重光，奠丽陈教。""文王、武王宣重光"，合于"大人以继明照于四方"之义，此中的"丽"字同样不取其他解释，"奠丽"只是奠定而兴发之意。

又自造字角度观之，则丽字从鹿，鹿所独异于众兽者，并不在于皮毛，唯在于其角开绽盛大，是兽角中最具兴发之貌者，"鹿"旁之上的"丽"特指双角，这也是"丽"字当训为兴发的一个明证。

及就万物以观之，万物之兴发，确然无不资于其陷泥。矿藏必陷于岩石然后萃聚，种子必陷于泥土然后发芽，花瓣必陷于蓓蕾然后舒展，蠕虫必陷于虫茧然后振翼。至于人亦然，人的陷泥之所以堪忧，为其是一种困顿寂寞、抱恨吞愤之境地，不过与众物一样，人也必定"和顺积于中"然后"英华发于外"，时运之不济纵然可忧，人又非此不足以成就。《孟子》一书屡屡言及陷丽对反之义，如其言舜、傅说、胶鬲、管夷吾之事，所谓"困于心、衡于虑，而后作"，所谓"天将降大任于是人也，必先苦其心志，劳其筋骨"云云，凡此都是由坎陷而至于离丽之义。万物之兴发赖其陷泥，及其兴发既久，万物同样可能由兴发而趋于陷泥。陷泥久则兴发，孟子所谓"生于忧患"者是；兴发久则陷泥，孟子所谓"死于安乐"者是。

或有人问："以兴发训'丽'，似乎也有不通处。如兑卦言'丽泽，兑。君子以朋友讲习'，此处的'丽泽'一如卦象所示，只是两泽相连而互通有无之象，朋友间切磋讲习，也与此象相同。"

如前所论，《周易》一经并用"丽""丽"二字，两字的所指也不相同。"丽泽"之"丽"，本当作"丽"，只是相偶为二之意。

其实就今日语言观之，即便古时的正训已失，"丽"字的用法却也不曾改变，尽管其字已经因汉字简化而全写作"丽"，但它在两千多年间却几乎全取兴发之义，譬如说"风和日丽"，只是说清风徐来、阳光朗耀；又如人形容一女子"美"而另一女子"美丽"，二者相较，前者固然美，后者更美得光彩夺目。人说"华"与"华丽"、"秀"与"秀丽"、"艳"与"艳丽"、"壮"与"壮丽"之类，后者在前者之美的基础上，皆特别指点出一种焕然勃兴的意味。

在易学中，作为八物宜之一的"丽"就是宜于兴发。一物的静翕动辟之态越昭著，其物的物宜之丽便越凸显，此物也就越宜于呈现为向外界舒展自身的姿态，这一姿态在人眼中可以是静态，也可以是动态。

值得注意的是，物宜之麗与物宜之说看似相似，实则不同。说一物的物宜为麗，只是说此物宜于呈现向外界舒展自身的姿态，它只是就物的动态面向而言；说一物的物宜为说，则是说其物宜于向外界释放众物，这是就物的生机面向而言。

譬如炸药爆炸呈现的火球，当火球还是一个近乎完美的球体时，其物最能彰显道体的静专动直之态，此时的火球也最宜于呈现向外界舒展自身的姿态。随着火球的静翕动辟之态不再昭著，亦即当它在人眼中由球形而走作为其他形状时，其物宜之麗也随之不再凸显了。自火药发明，人类才始能控制一种宜于兴发且作用迅疾的东西，火球若不宜于兴发，它便不足以向外界舒展自身；火球的生发若不迅疾，它便不足以动荡他物。至于后来发明的核燃料，它更能彰显道体的静专动直之态，其物也更宜于向外界兴发自身。

种子、花苞、胎卵之类的生发并不迅疾，却不妨碍它们仍是宜麗之物。同样，当种子舒展为草木、花苞开绽为花朵、胎卵长大为生物，其类的物宜之麗也渐渐不复凸显了。

《说卦传》言："离为电、为日。"常见之物中，闪电在空中伸展分裂、太阳时时放射光明，其为物皆宜麗，故而皆是离象。然而，人眼只能见到其类之辟，不能灼见其类之翕，故而圣人不以其类为彰显静专动直之态的代表物。与二者相较，火小则荧荧、大则熊熊，在其上最易见到通乎众物的静翕动辟之态。且火只要存在，焰头便不断向外界舒展自身，火又要逐物以蔓延自身，是所谓"星星之火，可以燎原"者，故而就常见之物而言，物宜为麗者莫过于火。

古人以火为可燃物所生的独立之物，今人则不以火为独立之物，而以之为可燃物因生发而见的现象。一似可以视树上之花为树的一部分，也不妨视花为单独一物，或离或合，两种视角其实并行不悖。

# 至疾

道体既然生发，其生发便必定有一个快慢面向，若无这一面向，道体的生机特征与动态特征便皆无以呈现，故而说，道体生发的快慢面向也是其八特征之一。

道体之生发为天下至疾，而一物越彰显道体的至疾特征，其物的生发便越快；反之，一物越不彰显道体的至疾特征，其物的生发便越慢。万物的生发或疾或徐，却无不有其生发快慢的面向可观，故而说，物之生发的快慢也是通乎众物的八个根本形容之一，不有这一形容，则物亦不足以为一物。

或有人问："众物的生发皆有快慢形容，道体之生发也确实宜有一个快慢面向。然而，何以确定道体之生发必为天下之至疾？倘若反其道而思之，道体之生发似乎也可以是天下之至缓，一物越是彰显道体的至缓特征，其物的生发便越缓慢，而一物越不彰显道体的至缓特征，其物的生发便越迅疾，由此视角观物，似乎也与万物的实情不相暌违。"

假定道体之生发为天下至缓，而一物越是彰显道体的至缓特征，其物的生发便越慢——这是以为气会自动，且气之动反为天下之至疾。然而，坤元之气自身并无动因，它必定效法道体之动然后动，故而道体之生发只能是至疾，万物之生发才因以呈现种种缓急之别。

道体生发的迅疾程度无以伦比，形下众物则各有其所值之气的差别，与此同时，众物之生发又皆不能免除外界的种种阻力与干扰，故而形下众物的快慢形容可以无限接近至疾，却永远不可能等同或者超越它。人类所知的现象之中，以光为最快，然而光也是形而下者，仍不足以与道体的至疾特征相提并论。

众物生发的快慢形容差别极大，譬如同样是树，毛竹长高一米需要一天，尔威兹加树却需要三百年；鲸鱼卵从一毫克长到三十吨只消两年，深海中的一些蛤类长到一厘米却要等一个世纪。

众物皆有快慢这一根本形容，然而人的目力有限，当一物的生发过于缓慢或者过于迅疾时，人都不足以察觉它的快慢形容。又有些时候，一如水的蒸发，其物生发的快慢本来可以为人所察觉，但蒸汽本身难以得见，人便仍难察觉它的快慢形容。故而，唯有面对生发作用相对昭著的物类，人才能见其快慢形容，如水火、云烟之类。人眼虽然常不足以直接见到一物的快慢形容，人却能通过长时间的比对来测定它，譬如一段时间没见的植物，再见时便可推知它生长的快慢。

或有人问："前面屡屡提到物之生发的'快慢'或者'快慢形容'，其所指，似乎与人们常说的'速度'并无二致，那么，何以不用人所惯用的'速度'一词而必定用'快慢'？"

倘若只是日常用语中的"速度"，如说某些植物"生长速度快"之类，那么它与"快慢"倒无二致。然而"速度"本是物理学的专门名词，其本意与人们的惯常用法有诸多不同，最大的区别在于，速度是路程与时间的比值，这一数值只是对一物作用快慢的量化描述，它本身并不可见，众物的快慢却不是一个数值，它是一种确然可见的形容。故而说，必定先有物的快慢形容，然后人才能知其生发的速度，而人们之所以常将"速度"一词充作"快慢"用，也是因为万物皆有这一根本形容，故而总须有一个词汇来指示它。

人或又问："既然如此，则众物生发的快慢不同，其生发的速度也将因此不同。然而依照运动学，凡判断速度，必须先选定参照物，比较众物之生发的快慢，既不能以此物自身为参照物，也不能以外物为参照物，不知将选取何物为参照？"

欲测定众物之生发的速度，参照物固然不能是此物自身，也不能选取无关之物。如前所论，万物都由其心作一翕一辟的生发之态，而测定一物之生发的快慢，参照物只能是此物之心，更为准确地说，则是取此物静翕动辟之态的中心点为参照。一似空中的焰火，测定每一点火花的生发速度，都须以焰火的中心一点为参照。

人或又问："众物固然皆有其快慢形容，除此之外，众物又常会呈现一种与生发作用无关的快慢，如箭之飞行的快慢、车之行驶的快慢，它们是否也是物的根本形容？"

箭之飞行、车之行驶的快慢，它们都因一物受外物或内部之物的驱动而呈现，这些现象时而呈现、时而消失，它们却不是箭之所以为箭、车之所以为车的必要面向，故而它们不是物之所以为物的根本形容。这些现象虽不属于根本形容范畴，它们却无不因外物或内部之物的生发作用而呈现，它们只是被动、间接地彰显了道体的至疾特征。

《周易》言："震，动也。"一物越是彰显道体的至疾特征，其物的生发便越迅疾，其物宜之动便越凸显。

宜注意的是，物宜之动不是好动，好动只是一物常常要动，其动却未必迅疾，这一特质也不足以通乎众物。同样，物宜之动也不是说某物宜于运动的意思，"宜于运动"乃是囫囵之语，如一物的生发迅疾，固然可以说它"宜于运动"，及一物的生发并不迅疾，但是它生发持久，那么也同样可以说它是"宜于运动"，这就好似不能只说短跑运动员善于跑，因为长跑运动员同样善于跑。说一物的物宜为动，不是说它自身"宜于运动"，而是说它生发迅疾，故而宜于鼓动周遭之物，一似炸药之所以宜于奋动他物，正因为其物的生发迅疾。

细说起来，《周易》经文有许多"动"字，众多"动"字不外三义——一者是与静相对之动，它只是描述一物当下的运动状态，如经文所谓"变动不居，周流六虚""圣人有以见天下之动，而观其会通，以行其典礼"之类。"动"字的第二义则是由静而动之意，如经文所谓"明以动""险以动""其静也专，其动也直""藏器于身，待时而动"等，凡此也就是《说文》所谓的"动，作也"之意，"作"必由未作而作，动也必由未动而动。除却"运动""发动"两义，"动"字还有"鼓动"一义，亦即一物能使他物动，取这一义的经文亦不少，如"雷以动之"，"动万物者莫疾乎雷""言行，君子之所以动天地也"。《说卦传》中的"震，动也"一句，"动"字也不取"运动""发动"之意，而是取"鼓动"一义，物宜之动就是宜于鼓动他物。

自然界中的宜动之物不少，就常见之物而言，则宜动者莫过于雷。

今人对雷的理解与古人不同，今人说雷，多是指空中闪电，之所以有以雷为闪电的常识，因为一般科普知识常将雷描述为单纯的放电现象，其学说认为雷就是高强度的闪电，当闪电穿越天际，沿途空气因灼热膨胀而产生震荡与轰鸣，这便是雷声所自来。

易学则不以雷为闪电，如《说卦传》言"震为雷""离为电"，二者卦象不同，故而绝非一物。孔子常单言雷，如所谓"雷风相与""雷出地奋"，有时又雷、电并言，如所谓"雷电合而彰""雷电皆至"。观此，则可知依孔子及历代先王之所见，雷自是雷，电自是电，二者虽然时常并见，却未可混为一谈。

尽管科普读物已有成说，科学界对雷电的探索却并未停止，研究者虽然证实了打雷常有放电现象，却至今不曾证实打雷就是放电本身。除此，以雷为闪电的认知也并不足以解释雷的诸多伴生现象，故而也有一些科学家倾向于认为雷不是闪电，而是爆炸。基于雷是爆炸这一思路，研究者在微型爆炸实验中成功再现了不同特征的雷，如连珠雷、枝状雷、球状雷等，唯其爆炸过于微弱，故而无法测知其中是否有放电现象。小规模的爆炸或不足以放电，大规模爆炸却的确可以产生闪电，如氢弹爆炸时皆伴有肉眼可见的"感生闪电"。故而说，以闪电为雷的传统科学常识恐怕是本末倒置。

至于以雷为空中的剧烈爆炸，闪电为其众多感生现象之一，这种理解倒与易理相吻合。凡物之爆炸，看似是一物在急遽地瓦解，其实是此物在急遽地生发，而"盈天地之间者唯万物"，一物急遽生发，则必定引起周遭之物的运动。雷在空中爆炸，则天地万物俱受震荡，故而说雷是常见之物中最宜动的存在。

《周易》所说的雷固然常指空中之雷，雷却并非只在空中才有。一如井泉、湖海皆是泽属；小丘、华岳皆为山类；不止空中的爆炸是雷，大地深处的爆炸也是雷，油中水滴的喧腾、火中木材的炸裂，凡一物急遽生发而鼓荡周遭者，不论巨细，皆是雷属。

# 不已

道体的作用只是生发，其生发态势则是静专动直相继，所谓静专动直相继，就是直则继之以专，专则继之以直，一专一直既然彼此带出，其作用便没有一息间断，故而道体的生发永无休止，谓之不已。

道体生发不已，宇内一气才因以恒运不息，一气又自然析分而见万物，万物也无不因效法道体的不已特征而呈现自身生发的持久面向。一物越是彰显道体的不已特征，其生发便越持久；反之，一物越不彰显道体的不已特征，其生发便越短暂。

众物生发的持久与短暂之别不难得见，譬如恒星之于流星、乌龟之于蜉蝣、松柏之于稻麦、石块之于雪球之类，前者对道体不已特征的彰显皆更充分，其生发也更持久。

古人言："四方上下曰宇，往古来今曰宙。"今人也常常时空并言，就格物之学的角度言之，则须说"至大"便是道体的空间特征，"不已"则是道体的时间特征。道体其大无外且作用不已，众物则因对道体至大特征的彰显而呈现了空间面向，也因对道体不已特征的彰显而呈现了时间面向，这便是时空所自来。不论空间面向还是时间面向，它们都是物之所以为物的必要部分。

　　物之生发的持久面向是通乎万物的八个根本形容之一，不有这一形容，则物亦不足以为一物。众物的持久程度唯可无限接近于不已，却终不能恒久存在，如日月山川之类固皆持久，其类却终有散尽之时。

　　或有人问："观所论，似乎直接将一物生发的持久看作此物存在的持久，众物的生发固然有持久短暂之别，然而譬如盘中插花，其物虽然不再生长，它却仍旧存在，一物之生发的持久程度与此物之存在的持久程度，二者恐怕不能遽然等同。"

　　就经验而言，一物似乎可以只存在而不生发，实情却非如此。盘中的插花若不生发，它何以必日渐枯萎乃至消散殆尽？其消散的过程便是其生发过程。物无时不生发其自身，一似水中之冰，当其生发结束的一瞬，此物亦将不复存在，故而说，一物之生发的持久程度就是此物之存在的持久程度。

　　人或又问："譬如草木被野火焚毁，牛羊被虎豹猎杀，一物本来足以持久，然而它却突遭外物摧折，当此之时，还能说此物的形容持久与否？若说此物的形容不持久，则若无意外，此物的存在本当持久；若说此物的形容持久，则此物的存在又确然短暂。"

　　有这种疑惑，仍是胶于日常经验，以为眼中之物便是物之全体，而物本是一类连绵的、必有时间维度的存在。若论真正的物之全体，它须括尽此物从出现到散尽的每一个瞬间，少一分一秒都不是此物之全。人见一物当下生机充沛，以为它可以持久存在，这只是人依常情而有的猜测，及此物在某一时刻突遭毁灭，这才是此物的实情。所谓通乎万物的持久形容，它只就一物的实情而言。故而说，欲确知一物生发持久与否，还须盖棺论定。

换一角度言之，物效法道体的不已特征而呈现其自身的持久形容，并不是物从道体那里秉受了一定量的持久度然后再慢慢消耗它——一如人去银行取一笔钱再慢慢花光。实际情形是，道体兀自生生不已，物也只是时时效法道体之生发，其效法道体直至散尽的这段光景，便是此物的持久形容。故而说，当一物被外物摧毁，此物便无以效法道体的生发作用，其持久形容也将终结于斯。

人或又问："物皆有其自身的持久形容，然而与此同时，在众物上又常可见到另一种持久——譬如车之行驶的持久，这种持久并不与此物相为终始。这种特殊的持久现象，是否也是物的根本形容？"

车之行驶的持久，可以说是一种持久形容，它却不是车之所以为车的必要面向，故而不属于根本形容范畴。虽则如此，车之行驶的持久形容却本乎燃油的生发作用，它是因生发作用而呈现的效验，故而行驶的汽车只是被动彰显了道体的不已特征。

众物皆有其持久形容，有时又因特殊作用而呈现持久现象，它们就是人类时间观念的来处。于时间，哲学家与物理学家各有学说，有把时间说成某种实物者，也有把时间说成某种错觉者。依易学，则既不视时间为一物，也不以之为无端私设的存在。和卦画系统一样，时间并无自体，它只是一套象征系统，一套人所拟定的、专门的、共识的、动态的象。古人称时间为"天时"，因为天地间的日月相推、四季流转等作用皆极持久、稳定且昭著，凡此变化人皆仰之，于是人们用日晷、月历、年历之类来象征它们——太阳东升西落，日晷上的阴影正好旋转一圈，于是人们用后者象征前者；地球转动二十四分之一圈，手表上的时针正好挪动一格，人们也用后者象征前者。因为后者与前者大体相应，不必时时照管，所以这些动态的象便很快被独立出来谈论，仿佛它们也是一物，但本质上并没有一种川流不息的东西叫时间，不舍昼夜的只是人与万物。

一物越能彰显道体的不已特征，其物的生发便越持久，其物宜之顺也就越凸显。

欲理解八物宜之"顺"，仍须先明字义。"顺"字在今日只是顺从之意，然而在先秦典籍中，顺字的用法却有两义，一义是"顺于物"，一义是"顺于道"。

其中，"顺于物"一义与今日"顺"字用法相同，它指一物不自作主张，唯顺从于他物而已，如《孟子》所谓"以顺为正者，妾妇之道也"，《庄子》所谓"文王顺纣而不敢逆，武王逆纣而不肯顺"之类。然而，说一物具备"顺"这一物宜，却不是说此物常能顺从于他物，在物与物之间言顺，顺只是物与物之关系而并非通乎万物的物宜。在形下世界，一物顺乎此则必逆乎彼，顺乎彼又必逆乎此，才有所顺，便有所逆；有多少顺，便有多少逆。一似心无主守之人，张三说左便听命向左，李四才说右便听命而向右，顺张三则逆李四，顺李四则逆张三，即便志在无所不顺，也终不能如愿。

除了"顺于物"一义，顺字还有"顺于道"一义，它指一物顺道而动——所谓顺道而动，便是率性而行、行其所当行，只是说一物的所行莫非其本分之事。

"顺"字的"顺于道"一义在今日已然消失，在先秦则使用广泛，如《论语》所谓"六十而耳顺"，是夫子自言年届六十，则非礼之声可充耳不闻；"名不正则言不顺"，则是说名分不正，则出令不顺道义；又如《孟子》所谓"莫非命也，顺受其正"、《荀子》所谓"事乱君而通，不如事穷君而顺焉"、《庄子》所谓"适来，夫子时也；适去，夫子顺也。安时而处顺，哀乐不能入也"，凡此"顺"字，都是顺于道的意思。

其于《周易》，则豫卦之"顺以动"、剥卦之"顺而止"，其义同于《论语》所谓"进，吾往也""止，吾止也"，大人或作或辍，皆顺道而为，尽本分而已；又如所谓"动而以顺行，是以出入无疾，朋来无咎""天地以顺动，故日月不过而四时不忒；圣人以顺动，则刑罚清而民服""天之所助者，顺也；人之所助者，信也。履信思乎顺，又以尚贤也"等，凡此"顺"字，也都是顺道而行之意。

又可细玩者，如孔子于坤卦言："'履霜，坚冰至'，盖言顺也。"此处不是说顺履霜之势便终至坚冰，而是说人才见不善之几便当反躬自省，唯顺道而动，方能免于积重难返之地。孔子又言"履霜坚冰，阴始凝也。驯致其道，至坚冰也"，此处的意思，才是见履霜之几而犹沿蹈旧习，则终将至于冰结难解之地。前面"顺"字既然表从道之意，此处便不用"顺"字而改用"驯"字，《周易》之互文见义，每每如此。

圣人以"顺"字命名众物因彰显道体不已特征而呈现的物宜，只是取顺字的"顺于道"之意。宜注意的是，说一物的物宜为顺，不是说此物之动是顺道而动而已，物宜之顺是宜于顺，是说此物宜于顺道而动，亦即宜于长久地率性而行、行其所当行；反之，一物的物宜之顺若不凸显，其作用虽然也是顺道而动，它的作用却将短暂。

之所以这样说，因为除人之外的众物，不论其作用持久还是短暂、显著还是隐微，只要它作用，便无不是顺道而动。不止众物的生发作用是如此，众物的特殊作用亦然，一如鱼思游而不思飞，鸢思飞而不思游。物的特殊作用虽然复杂难测，它们却无不本乎生发作用，而众物的生发作用又只是物对道体之作用的效法，故而说，众物的种种特殊作用皆为道体这唯一本源所贯穿，生物的生命活动与非生物的种种作用同样无妄无伪，它们是什么，便只呈现它们应该有的作用，只是忠于其本性、行其所当行，这一状态就是"诚"。

《中庸》言："诚者，天之道也；思诚者，人之道也。"人之所以需要思然后诚，因为自然之物虽然以人为最高级，人心却常流于邪妄，而人心又是一身之主宰，故而人之行径也常非率性。众物的作用为道体一本贯穿，人的作用却有诚伪二源，因此人之视听言动常常不是顺道而动，"诚"的状态或时隐时现，或日月至焉，它常有间断，这是人与众物的最大不同。

故而在人伦世界，一如常言所谓的"大逆不道"，不顺于人未必是逆，不顺道而行才谓之逆。如伊尹言"予不狎于不顺"；《左传》言"贱妨贵、少陵长、远间亲、新间旧、小加大、淫破义，所谓六逆也；君义、臣行、父慈、子孝、兄爱、弟敬，所谓六顺也"。故而，为人子者不顺道，唯父命是从亦是逆子；为人臣者不顺道，唯君命是听亦是逆臣。

说人有顺德，乍闻之下，似乎只是说人有一种温柔和婉之德，其实唯有凸显物宜之顺，人才常能行其所当行。无妄而往，则与万物同一浩然之气，体既至大至刚，人必仁为己任，死而后已。《易》云："坤至柔，其动也刚。"人唯顺天休命，方能彰显至刚于其躬。故而说，人而不顺，常似强而实弱；人有顺德，则常似弱而实强。

人心对道体不已特征的彰显，正是德目中的"勇"。《说文》言"勇者，气也"，这只是说人气焰强旺，并非德目之勇。以学理推之，则勇字从"甬"，"甬"是花苞，花苞是植物生机的不容遏止处，后来造字如"涌""踊""蛹"之类，也都有生机流溢、不容遏止的意思。泉水之涌，是指泉水的生发不已处而言，德目之勇，是就仁心的时时涌动处而言。

今人说勇，往往只说人无所畏惧，这不是勇，只是"敢"。若从"敢"上寻勇，则杀父弑君也是勇，然而，杀父弑君是仁心壅塞使然，正是无勇而已。在充养有素之人，则临事必有勇，或勇于敢，或勇于不敢，故而"虽千万人吾往矣"是勇，"不敢侮于鳏寡"同样是勇。

日常可见之物中，物宜最顺者莫过于地。大地长久存在，承载万物而无私动、妄动。大地又有生养万物的作用，凡矿藏动植之类皆由大地所生，这一作用亘古未曾间断，若有一息间断，则生命皆无以延续。

# 附录：理学

    儒家是首重人文的学问，然而万物只是一本，因此一个真正的人文之学，它也必定通乎天地之文。三才之学中，心性隐微、人伦复杂，唯庶物单纯而明朗，所以一门学问必须了解天地万物，其人道之学才能在万物上"就有道而正焉"，不妨说，只有那个能真正解释一草一木的学问，才是那个能真正安顿身家性命的学问。

    先王的物理之学见于《周易》，其中又以《说卦》一篇为详密。然自孔子以后，中国学者或视物理为粗迹以为不暇言，或视物理为幻妄以为不必言。先将本自规模无际、深切著明的器世界裁割于眼界之外，又四无依傍地悬空说心性、论本体，尽管皆谓其学说能通贯万物，却终未得开物成务之寸功。众多学派之中，唯宋儒与众不同，宋儒有所得于心，则往往验之于物；有所得于物，则往往反求诸心，由此，宋儒于心性及物理皆不无所得。

    北宋五子之所以能建立宋学，因为五子皆有所得于《周易》，其学说也确有精凿不磨处。虽则如此，五子之所得又远不及孔子精密且周遍，如五子见得万物之不齐，是因为造化所值之气不一，然而五子的见识亦止于此，若问万物何以皆有大小纯驳等形容、何以皆有健顺动入等物宜，五子的所得也未足以应对。

五子之中，濂溪据其读《易》之所得而作《太极图说》，此篇诚为中国学术史之重要文本，然而历代儒者对此篇的质疑也是最多，如其"无极"一语出于老庄，图式也源出道家之类。其实，倘若其学说合乎儒家义理，则用语与图式源出道家亦无大碍，《太极图说》堪诟病之处实不在此。

在《周易》一经，孔子立言可谓简要，然其为文措字确凿不说，每一个细部又皆与全经交映互发，牵一发而动全体，自不容人任意曲解。相较于圣人之经，《太极图说》之语言则可谓居简而行简，于义理紧要处，文章每每因下字太简而表意模糊，如开篇一句"无极而太极"，高明如朱陆尚且不能定于一是。又如"太极动而生阳"，当"太极动"时，太极究竟呈现何种动态？"动而生阳"又是如何生？凡此都未加以说明，因此也具有一种可以被任意解读的可能性。

一切语言问题都不是语言问题，而是见地问题。就此文的义理观之，则须说《太极图说》的学说全然不合《易》理。

首先，《太极图说》的核心概念"太极"，其在《周易》中仅一出，《系辞》言：

是故易有太极，是生两仪，两仪生四象，四象生八卦。

《系辞》中的"易"字，随文有数种所指，有时只指《周易》这一部书，有时指易学，有时取"平易"之意，有时取"变易"之意等，凡此依上下文意皆能了然。而此句的"易"字则与前述种种取义不同，确有必要为之训解。关于"易有太极"的"易"字，它在《系辞》中自有训解——孔子言："是故易者，象也。"与"易与天地准""四营而成易""凡易之情，近而不相得则凶""神无方而易无体"之类一样，此处的"易"字也是指易象而言。

何以见得"易有太极"中的"易"字是指易象？单看"易有太极"四字确实难以明白，但看其后逐节分殊出来的"两仪""四象""八卦"，则实不难明白"太极"之所指。阴仪、阳仪谓之两仪；老阴、老阳、少阴、少阳谓之四象；乾、坤、震、巽、坎、离、艮、兑谓之八卦——既然"两仪""四象""八卦"节节都是象，那么三者的肇端处也不可能是个实然存在，它必定是某个实然之存在的象征。同样，一个实然存在的本源，其所节节分殊出来的也只能是实存之物，不可能是"两仪""四象""八卦"之类的象，一如有子孙在，便知其祖先也是活生生的人；有祖先在，其后代也总是活生生的子孙，不能自某一代开始便只生出子孙的肖像来，所以，"太极"与"两仪""四象""八卦"三者必定同类，它也只是象。

两仪、四象、八卦三种取象方式固然有别，三种取象方式却都可以遍覆万物。太极则不然，太极象征的东西较为特殊，它不象征物，只象征道体。

《周易》一经，可谓"其称名也小，其取类也大，其旨远，其辞文，其言曲而中，其事肆而隐"，非止卦画是象，卦爻辞皆是指东指西的譬喻，其实也无不是象，不明此义则非但不足以知易占，更当落入前儒所谓将三百八十四爻当三百八十四桩实事的窠臼中去。孔子承袭文王传统而创"太极"一词，这一词本身就是道体之象，于两仪、四象、八卦这些"无独必有对"的象而言，"太极"这个象就好似屋极一般独立无对，它就是两仪、四象、八卦的肇端之处。

或有人问："物必有形迹然后有象，道体无形无迹，它如何可能有象？"

不论是否有形迹，只要是实然的存在，便都可以有象。在《周易》一经中，孔子也称道体为"乾元"，有时候又以"夫乾"指示之，乾也是个象，孔子如此称呼道体，本身也是用象来象征形上者的明证。

换一角度观之，欲理解道体本身何以有象，不看两仪、四象、八卦这些象系统中的符号，只在日用的文字上也能明了。与卦象系统一样，文字系统也是象系统，当人写下"道体"一词时，人就在用它象征着形上之道，文字能象征形而上者，卦画同样能象征形而上者。

"形而上者谓之道，形而下者谓之器"，在实然的世界中，一物在场，此物的形上部分便同时在场。然而，当人以六十四卦、八卦、四象、两仪象征纷纭万物时，人在八卦、四象、两仪这些符号上却只能看到阴阳错综的物象，道体之象则无处可见，因此，孔子必定强调"易有太极"，所谓"易有太极"，就是"象有太极"，孔子必定要指出这个不在阴阳爻画中的"有"，一似《春秋》义例，唯不可见其有，才须说"有"，人可见其有则不消说有。物有形上形下两部分，象也有形下之象与形上之象两部分，只不过太极这个形上之象是个无象之象。

在造化层面，必定是先有道体作为气所效法的典范，然后万物才得以由气具体生成，因此，在圣人所造的卦象系统中，同样是必有道体之象，然后阴阳错综之象才得以成立。若没有道体，则万物都无以存在；同样，若是"易无太极"，则两仪、四象、八卦、六十四卦也失去了成立的可能。《周易》言"易与天地准""与天地相似，故不违""范围天地之化而不过"，圣人之所以屡屡言及此意，因为道体之象之于众多卦象，就像道体在真实世界中的情形一样无形而周遍，象系统与真实世界绝非仅在形下层面相准，而是形上形下无不相准。

六十四卦中，唯独乾卦可以象征道体，孔子据乾卦作《乾文言》，篇中对道体之情状多有阐发，故而孔子又称呼道体为乾元，其余则常以"道"字称之，如"形而上者谓之道""一阴一阳之谓道"等。宋儒误以为"道"自是道，"太极"也是道，理"也是道，三者同出而异名，如果说三者有差别，其差别也仅相当于张三自叫张三，其人在父前叫子、弟前叫兄而已。倘实如此，则孔子几乎是刻意在学问的关键处制造一种不必要的混乱，人只说张三叫张三，谁不知他在父前叫子、在弟前叫兄？常人作文尚不如此，圣人用心之微，更不至此。

太极不是实然的道体，它只是易象系统中的道体之象。至于《周易》中的一个"理"字，理也不是道体，它更不是道之条理，道体是个无形的存在，因而不可能有"天理之节文"之类。

"理"之一字，《说文》谓之"治玉也"，加工璞玉，自然要分辨之、剖析之，分之析之，璞玉方能因此而呈现纹理。如此，则"理"字实有"分之析之"与"纹理"两义，二者有相承关系，先儒典籍中的"理"字也不外乎这两义。

就"分之析之"一义而言，如《周易》"和顺于道德而理于义"、"理财正辞"之类即是。就"纹理"一义而言，则譬如"仰以观于天文，俯以察于地理"——"仰"与"俯"、"观"与"察"、"天"与"地"、"文"与"理"字字对应，据此实不难明了"理"字之所指。一如韩非子所言的"理者，成物之文也""短长、大小、方圆、坚脆、轻重、白黑之谓理"，其实凡物之可以见闻感测的部分无不是理，理便是种种形象声色，典籍之中，并无宋儒所谓的形而上之"理"。

理非形而上者，但众物之理直承形而上者而显，它不是道体，人们却唯有依据这些可以见闻感测的物之文理才能推知道体之情状。所以说，洞悉万物之理是获取形上知识的唯一路径，儒家所贵乎格物者以此。

孔子言："穷理尽性以至于命。"所谓"穷理"，"理"只是实在可见的天、地、人文，而所谓"穷"，则不止有穷尽之意，还兼有穷竭之意，亦即不止有广度，还须有深度，人之格物必致广大、尽精微，然后才能推原种种文理的所以然，亦即推原道体之情状。庖牺氏"仰则观象于天，俯则观法于地，观鸟兽之文与地之宜，近取诸身，远取诸物"，凡此都是圣人穷理的过程，穷理到不可穷处，然后可以见得万理如何肇端于一元，于是才能真正地认识万物，是所谓"于是始作八卦，以通神明之德，以类万物之情"。

濂溪自《周易》中拈出"太极"一语作为核心概念，却未察觉它只是道体之象而错以为它就是道体本身，故而于其后的两仪也要当两种实物看，于是濂溪不再认两仪为阴阳之象，只是将其视作实然的二物，以至于朱子也要为之调停敷衍，说"'分阴分阳，两仪立焉'，两仪是天地，与画卦两仪意思又别"，两仪自古是象，向来不曾作天地解，故而朱子的辩护亦不成立。及孔子由太极又推出四象、八卦之象，濂溪则引入五行接续，五行也是物而不是象。《太极图说》这种由"太极"而二气、由二气而五行、由二气五行而万物的生成脉路，其与《周易》的太极、两仪、四象、八卦之说并观之，《周易》所言者节节是象，《太极图说》所言者节节是物，《太极图说》可谓首节错，节节错。

或有人说：孔子所谓"易有太极，是生两仪，两仪生四象，四象生八卦"，其与濂溪太极生二气，二气生五行，二气五行化生万物的理路并观。《周易》固然节节是象，《太极图说》固然节节是物。然而，有此物在则有此象在，有此象在则有此物在，虽然一者主象而言，一者主物而言，二者其实互为表里，同归殊途。

此种说法看似允当，其实仍然难禁推敲。若谓两家说法一就象的角度立言而物在其中，一就物的角度立言而象在其中，那么二者的源头处又只是同一个太极，太极究竟是道体还是道体之象？天下岂有一种既是道又是象、既天然又人设的存在？此处不同，后面尽管看似节节照应，也只如伊川所谓的"恁地同处虽多，只本领不是，一齐差却"。

《太极图说》与《易》理抵牾之大者，还在于对两仪的定义方式。濂溪言"一动一静，互为其根。分阴分阳，两仪立焉"。濂溪以动静为两仪之本，此实本末倒置，动固然属阳，静固然属阴，然而阴不因静而有，阳也不因动而生。一如仅据大小向度不足以尽日月之别，仅据一个动静也不足以立起两仪。阴阳之分向来不如此狭窄，动静是阴阳，大小、清浊、生煞、强弱等也无不是阴阳，动静只是人用以判分阴阳的一端，它并无一种先于大小、清浊、生煞、强弱之类的第一性，《太极图说》并未对动静之外的许多阴阳之别有所安顿，失于举一废百。

濂溪这种一、二、五、万的造化模式既无经典依据，也向来没有观测层面的证实，然而即便怀疑《太极图说》的学者也很少对这种生成模式提出批评，之所以如此，因为濂溪给出的生成模式看起来顺当可信——它符合人类的生活经验，恰似一颗种子总是先张开两瓣叶片，接着又渐渐分殊成五叶、七叶乃至枝繁叶茂，《太极图说》所描绘的也是这种由微而著、由本而末、由少而多的生成模式。不过值得注意的是，这种生成模式之所以符合人类的经验联想，因为它纯是形下众物的生成模式，这一人们在无数具体之物上体贴过来的经验并不适用于形上形下协合造物的过程，当人们觉得一、二、五、万的造物模式顺当时，其实犯了将形下世界的经验套用至形上世界的错误。

依据《太极图说》的生成模式，道体只是个根源性的存在，及在具体事物之上，它尽管在场却又总是挺立不住，它永远为气所绑架，尽管也要时时透出些作用，这作用却好似在每一场失败的战争里都打赢一两场战役——不无作用却无关宏旨。一如朱子所强调的："气虽是理之所生，然既生出，则理管他不得，如这理寓于气了，日用间运用都由这个气——只是气强理弱。"所谓"气强理弱"，就是气强而道弱，这一种见识，与孔子之学抵牾甚大。

孔子言："夫乾，天下之至健也。"又言："夫坤，天下之至顺也。"宇宙之大，富有万物，而人类经验有限，指任何一物而谓之至健、至顺都不可取，故而堪称至健的只能是道体，堪称至顺的只能是气。孔子以乾元道体为天下之至健，而濂溪、朱子以为弱；孔子以坤元之气为天下之至顺，而濂溪、朱子以为强。此中的见处可谓截然相反。其实道气关系并不能以强弱分数来说，说孰强孰弱都不对，道与气只是合德造物而已，何尝会在物上争执拉扯？

朱子之所以判定"气强理弱"，因为在《太极图说》的生成模式中，二气五行虽然无不以道为性，然而，即便二气五行这种初的存在，其流行也是一无目的，亦无秩序，二气五行只是盲目地往来冲突，而濂溪、朱子又以为造物并不需要资取一种典范，仅有材料便可以生出物来，二气五行既是物的材料，它们自身也是物，这里同样自相矛盾。按《太极图说》的理路，万物的生成，统统是因为二气五行的适逢其会——所谓适逢其会，就是在一个绝对混乱的大背景中，有几股二气五行突然在误打误撞中撞对了地方，于是它们便不再流行而是感应凝结，因此便产生了人与物。

朱子才判定世界是个气强而道弱的世界，这一判定的影响便不止于人对自然的认知，更使后世儒家学者的心境发生了一种根本性的转向。理学家仍然认同道的第一性，同时却又认定气强而道弱，在他们看来，道与气的关系，天然就好似衰父与逆子、暗君与权臣、懦夫与悍妇的关系——倘实如此，则人世间一切正大关系的本源便消失了，据人心而言，必定是私意强而公心弱；据世道而言，则必定是小人强而君子弱——宇内若真是气强而道弱，人又何必顺道而行？循气而动倒与天地相似。

朱子相信气强道弱，又据此学说兼容了康节的"元、会、运、世"之说，认定人世之剥复否泰皆有一定之数，自此，理学家的历史观也一转而变为了成、住、坏、空四劫式的宿命论，三代之盛变成了不可再现的追忆，日渐衰微的现实世界则属正当而必然，一似在行将沉沦的船上向外捧水，理学家的努力，与其说是在让世界变成一个对的世界，不如说是在尽量推迟一个注定沉沦的未来。朱子及其后学对道义的持守不愧前儒，只是他们的坚持总带着一种败相，不再是"焉知来者之不如今"，不再是"虽无文王犹兴"，只是一种激于不忍的撑拄，一种基于绝望的勇敢，落寞、骄傲、矫揉、刻薄、无气焰、不快乐，不复孔孟门庭那种丰沛而刚健的气象。

朱子解《太极图说》时曾言"两仪即阴阳，阴阳是气，五行是质"；又言"气自是气，质自是质，不可滚说"。这种理解大概未失濂溪本意，但其说仍有问题，其实气与质与物向不离析，天下绝无一种不以物的形下部分这一形式存在的气或质。孔子言："盈天地之间者唯万物。"此言可谓直截了当，充塞于天地之间的只是万物而已，天地间几时有过一种不是物的二气五行？

"盈天地之间者唯万物"，不止当下是如此，宇宙也永恒如此。尽管《太极图说》描摹了一种太极生二气、二气生五行、二气五行生万物的创生模式，然而今日仍难确知濂溪作《太极图说》的本意，如果濂溪当真认为世界有个开始，那么《太极图说》在这一点上并不符合儒家学理。舍此还有另外一种可能，那就是濂溪试图用《太极图说》托始，亦即通过一种节节创生的描述，使人对当下世界有一个有根源、有条理的把握。然而，即便是托始，这种学说也终是造作——真实且连贯的世界不容托始，面对一个至诚无息的世界，任何托始都是画蛇添足。

相较之下，《周易》所描述的造化模式既不认为世界有个开端，也并无丝毫的托始意味，它只是一个实然的描述，这一造化模式，孔子十六个字便足以该尽：

大哉乾元，万物资始。至哉坤元，万物资生。

乾元、坤元便是道与气，濂溪、朱子却以为乾坤二元只是道体所生出的阴阳二气，其与"万物资始""万物资生"的义理便照应不上。始万物与生万物虽只一字之别，意味却截然不同，如果认乾坤二元为阴阳二气，则阴阳二气其实只能生万物，并不足以"始万物"，因为二气只是生物的材料，仅有材料无法生成万物。其次，"元，始也"，倘若乾元坤元是阴阳二气，则乾元与坤元只是一种不本之本，二者皆不足以称"元"，称得上"元"的，须是一种不待创造而恒存的东西。万物皆资于道与气而生，道与气本身却不待创造而恒存，它们是构成世界的两个根源，因此孔子说它们是两个"元"，由此处，不妨说儒家形而上学是一种二元论。

乾元、坤元与万物三者永远同时见在，孔子固然先说有个乾元、有个坤元，接下来却不说二元，而是转头由"万物"说起，孔子先指定万物，然后说万物之所以有成为物的可能性，因为有乾元道体作为气所效仿的典范，这才是万物真正开始的地方，乾元之功既无远弗届，所以孔子赞之曰"大哉"。只有物的典范还不够，万物之所以能够确然生成，又须有坤元之气这一材料来效法道体这一法式，如此才能确然生成万物，坤元之功既无微不至，所以孔子赞之曰"至哉"。

世界永远是"盈天地之间者唯万物"，宇宙只是万物的流转演变，万物无不资取于他物而生，物之前还是物，物之后又化作物，其事无终无始，罔测其极。在人眼中，富有万物而流转不息的器世界就好似一张永恒变幻的银幕，孔子则指着银幕中的纷纭万象，说它们之所以呈现，因为它们无不资取了放映机的唯一光源，与此同时，这纷纭万象又无不因资取了彼此不同的胶片才得以具体生成。道体就好似光源，所值之气就好似胶片，银幕上的万物无不由这两个源头合作而生。

一如孔子言曰：

　　乾坤其易之缊邪？乾坤成列，而易立乎其中矣。乾坤毁则无以见易，易不可见，则乾坤或几乎息矣。

"易"就是阴阳错综的易象系统，"缊"则是乱絮之意。之所以说"易之缊"，因为六十四卦、三百八十四爻括尽天下事物，其自身也深赜复杂，一如乱絮般难绎其绪。卦象系统之所以复杂，因为与之相准的实然世界同样复杂，而实然世界尽管复杂，它却只由乾坤二元协作而呈现，一如放映电影的譬喻，灯泡和胶片各司其职时，纷纭万物便一时毕现，灯泡和胶片一旦损毁，银幕上的万物也一时不见了。与实然世界相当，尽管易象系统杂如乱絮，其来处也只是乾坤二卦而已，故而说"乾坤毁则无以见易，易不可见，则乾坤或几乎息矣"。

故而直观来看，是万物不断演变为万物，其事无终无始；揆其本质，则是二元不断合德生物，二者一为表象、一为本质，视角虽有两般，其事则并不暌违。因此，道与气造化万物的过程本身并无一、二、五、万等许多的次第，说"一拍即合"都嫌慢，只能说"当下即是"，也唯有这种造化模式，才与孔子所说的"乾以易知，坤以简能"相配。

何谓"乾以易知，坤以简能"？在造化之中，乾元只是自成自遂于形上界，它虽为造化之主宰却不消费一丝力气推动坤元，其事至为容易，故而说"乾以易知"；乾元是如此，坤元则不自思量，它只是一味顺从乾元、效法乾元而已，坤元之事至为简明，故而说"坤以简能"。乾元之事虽易，然而乾元当体具足八特征而为万物垂范，故而其事只可谓之易而不可谓之简；坤元之事虽简，然而万物皆由坤元具体生成，故而其事只可谓之简而不可谓之易。二元之德，易简而已，纷纭万物及其形象声色却皆因此呈现，这就是孔子所谓的"易简而天下之理得"。

并观《周易》与《太极图说》所载的造化模式，可见后者与经义实为方枘圆凿。其实，与其说《太极图说》的源头出自《周易》，其学说更像出自纬书《乾凿度》。

如《乾凿度》言：

夫有形者生于无形，则天地安从生？故曰：有太易，有太初，有太始，有太素。太易者，未见气也。太初者，气之始也。太始者，形之始也。太素者，质之始也。

《太极图说》则言：

无极而太极。太极动而生阳，动极而静，静而生阴，静极复动。一动一静，互为其根。分阴分阳，两仪立焉。阳变阴合，而生水火木金土。五气顺布，四时行焉。

《乾凿度》言"太易者，未见气也"，《太极图说》对之以"无极而太极"；《乾凿度》言"太初者，气之始也"，《太极图说》对之以"太极动而生阳……两仪立焉"；《乾凿度》言"太始者，形之始也"，《太极图说》对之以"阳变阴合，而生水火木金土"；《乾凿度》言"太素者，质之始也"，《太极图说》对之以"五气顺布，四时行焉……"《乾凿度》之言，与《太极图说》首章十分吻合，后者甚至可以看作对前者的注释。

濂溪之学，不知其源流所自，然而对夹杂道家这一点，濂溪显然不如后来的理学家一般甚以为意，如其不讳用老庄"无极"之语、不讳用道家之图式之类，甚至连朱子都不免诟病的"主静"工夫也是受道家影响而然。虽则如此，濂溪学问亦不俗，《通书》之言大段是儒者见地，只是其学未至于纯。

就学术史角度观之，宋五子中，与濂溪同时代的四子对濂溪都不甚注意，且不论同样深于易学的张、邵，即便少时从学濂溪的大小程子也对其人不甚看重。如二程语录中无一言语及濂溪之学与濂溪之书；二人皆不称其人为先生而是直呼其字；历数天下纯儒，又只张子、邵子、司马君实而不及濂溪，反倒有"周茂叔穷禅客"之语，凡此都与理学后学眼中作为道学宗主的濂溪形象相抵牾，濂溪若真堪当道学宗主，则四子皆不免蔽贤之罪。

至南宋而朱子出，理学由其人而大兴。然而朱子形而上学的来处，却与五子有一个不明显却根本性的差异，即朱子凡论道体、造化、物理皆不本乎《周易》而本乎《太极图说》。

为揭示一种由濂溪肇端，二程光大，张、邵羽翼的道学谱系，朱子毕生力排众议而推尊此篇，既将《太极图说》视为儒家形而上学的核心文本，又据此篇向下释读《周易》，然而一如认乾元、坤元只是阴阳二气之类，其所得只能是《太极图说》视角下彻底走样的《周易》。朱子曾说："《易》之为书，广大悉备，然语其至极，则此图尽之，其旨岂不深哉？"在朱子看来，《周易》固然是群经之首、大道之源，然而《太极图说》却是濂溪给这顶王冠镶嵌上的宝石，它比《周易》更加洁净精微，二者相较，《太极图说》更像是经，而《周易》则像是它的传，这种思路不能不说是违背了儒家的治学宗旨，有经传易位、牵圣就凡之失。

自此，于儒家形而上学，朱子及后学的用力处便只在《太极图说》这二百余字上，然而，《太极图说》所说的道体却是个说不得的道体，它只是一个"动而无动、静而无静，非不动不静之谓也"的"本然之妙"，这种说法并不妙，因为它没有任何明晰确实的东西，反倒近乎禅家惯用的囫囵语，而这种囫囵语只是用自相矛盾的语言止人致思其间。朱子及后学却不察此，就好像尽力在一道出错的题目上寻求正确答案一样，数十代儒者尽心其间，其运思却只在无极太极、阴阳动静等命题上打转，以至于八百年中，朱子后学的所得较朱子未有任何推进，他们同样也因此无力修正朱子的错误。与此同时，记载着历代圣人形而上学的《文言》《系辞》等经文一直不为道学家所重视，于最为紧要的《说卦》一篇，理学家更近乎弃之不论。

对这些孕育了理学的元典，朱子学学者并无系统理解它们的兴趣，只是从中抽取只言片语以证成己说，打碎完璧而取其碎片，再以其装饰《太极图说》所描述的那个形而上学体系。如"易无思也，无为也，寂然不动，感而遂通天下之故"一语，孔子明明说易占，理学家却将其裁头去尾，硬将其改造为"寂然不动，感而遂通"用以诠释人心体用、已发未发。一时的断章取义未为不可，然而据此语说人心已不恰当，后世学者又蹈袭沿用，习焉不察，则终于引喻失义而已。

《易》云："易之为书也，广大悉备——有天道焉，有人道焉，有地道焉。"如果说儒学有界限，那么天地广阔到哪里，儒学便范围到哪里。观《系辞》以十三卦详述开物成务之事，便可知先王之学非止察于人伦，其学亦明于庶物，确能安顿人类生活的方方面面。

及至今日，人所共尊的学问乃是科学，人们普遍认为科学是人类学问的终极形态，是往昔一切学问的归止。然而，科学不尽是格物之学，它是格物之学的一部分，却误认为自己是一种完整的认识方式。科学研究必求闭环于形下世界，亦即必须以现象解释现象，故而它极难通过自身之发展而与形而上学相会通。作为一种不知其自身实为坤道之学的学科，科学又试图用形下世界的种种现象来解释一切，对于那些只能据形而上学来解释的问题，当科学家发现自己不能用切近的、正大的、明白的现象来解释它们，就思以用遥远的、偏僻的、模糊的现象来解释它们，甚至干脆用可能的、应当存在的现象来解释它们。

科学在反玄学的过程中逐步壮大，然而，因为没有形而上学为其大经，从现代科学诞生的第一天起，科学便自有一种隐疾——到某一天，科学自身亦将发展成为一种新的玄学。譬如今日盛行于物理学界的、种种匪夷所思的假说，与其说这些假说展示了科学研究的广大精微，不如说它们暴露了科学正趋于虚玄无力的病痛。凡此假说看似新奇而无害，但它们却在不断消解着现代人的意义，它们无时不在暗示人们，宇宙是个无意义的宇宙，人类则是散落其间的一些无意义的微尘——与头上的繁星相较，人固然只是一粒微尘，然而在无垠的宇宙之中，又有哪颗星星不是一粒微尘？在群星之间，人又是何等伟大的微尘？《中庸》言："诚者，天之道也。"宇宙固然神妙莫测，然而天地万物的神妙自有其根本、自有其意义，绝不只是一种诡谲无谓、光怪陆离的神妙。

唯孔氏遗经中的形而上学可以经贯科学，它也早该舒展羽翼而将完满形态呈露给世人。千载以前，儒家的物理之学曾在宋儒那里隐然欲现，只要它生根发芽，它就注定比今日科学更宏大、更缜密。这种物理之学既能兼容科学、成全科学，又能消除因科学之僭越而产生的病状。从诞生的第一天，它就有着科学最终完善时才有的规模，因为它是一种本乎形而上学的物理学，如果说今日唯求自洽于形下世界的物理之学是坤道的物理学，那么儒家的物理学就是一种乾坤并建的物理学。

理学家一贯亲近物理而又以格物为本，其进学路径不可谓之无本；其学绵延宋、元、明、清四代，其气运兴盛不可谓之不长；数百年间，朝廷以理学取士，其得人才又不可谓之不多。然而，因为理学家对形而上学的探索很快就偏离《周易》而钻进了《太极图说》的死胡同，于是它彻底失去了继续推进学理、经贯物理的可能。于道体自身之情状、造化生物之情形、万物何以有种种形容物宜等具体学问，理学家只据《太极图说》以"妙合而凝"之类说法囫囵带过，当理学家论及它们时，他们往往并未意识到自家的议论仅是一些想象、一些譬喻，这些依似仿佛的说法不可能具有细部，因此，它们不足以推原先王之制，也不足以为后人开出新知。其后，随着西洋物理学说渐次舶入中国，中国学者讶于其严确，却几乎没有一种基于理学的学说能与之对接，于是物理之学的空白皆为西方物理体系所填充。

理学建立在对儒家学理的误解之上，人们可以永远讨论它们，却永远不可能从中得出正确的结论，因此，人们必须灼见其失，然后才能结束这一绵延太久的议程，开启新的学理议程。而理学之所以偏离了预期的走向，则自朱子以《太极图说》取代《易》教为始，后人当然不能因此而苛责朱子，瑜瑕互不相掩，朱子人格之光明伟岸、朱子学术之深邃广阔，二者皆不因

其学说之暗昧处而失色，这一历史情形，大概只如西人所谓的
"一个天才的思想往往阻碍数代人的思考"，亨行万世而无弊者，
唯有圣人之学而已。

人篇

# 两仪

八卦皆由阴阳爻画相叠而成，人或以为先有阴阳之义，然后始能据阴阳以画八卦，其实不然。阴阳之义的完备，当与庖牺氏画八卦同时，之所以如此，因为判别阴阳的尺度与区分八卦的尺度不二，若不曾把握这样一种尺度，则阴阳与八卦皆无由判分，唯有灼见这一知识，阴阳之别与八卦之分才同时并见。阴阳与八卦既立，则中国文化之本体亦当下完备，虽圣人亦不能出其范围。

三百八十四爻莫非阴阳，文王既系爻辞于诸爻之后，又无不寓当变不当变之微意于其间。所谓变，阳变阴，阴变阳而已；之所以变，用刚用柔在我，各趋其时措之宜，是《系辞》所谓"刚柔者，立本者也；变通者，趣时者也。

以乾卦为例，乾卦初九言："潜龙勿用"，初爻当时之初，宜于伏藏涵养，所谓"勿用"，是戒其化阴失正；九二："见龙在田，利见大人"，二爻有大人之德而不当位，利于变阴之正而与五爻大人相应；九三："君子终日乾乾，夕惕若，厉，无咎"，三爻得位而无应援，唯以刚道自持，方能虽厉无咎，"厉，无咎"，明其不当变；九四："或跃在渊，无咎"，谓四爻当变阴以比五应初，四爻变则二、三、四爻互兑卦，兑为泽，人疑四爻入于渊泽，然龙不借渊水则无以飞升，君子之所为，众人固不识也；九五："飞龙在天，利见大人"，五爻变阴，上卦化离然后见二爻之大人，贤求仕、上求贤，皆当体刚用柔。上九："亢龙有悔"，时亢而用刚则得咎，有悔而变阴则无咎。乾卦六爻之中，三爻宜变三爻不宜变，《周易》其余三百七十八爻也皆如此，是所谓"随时变易以从道"。

其在文王之经，阴阳变化的意蕴已经精详如此，然而当商周之际，两仪尚不称为阴阳而谓之"小大"。如在文王之经中，唯"鸣鹤在阴"一句有"阴"字，且此"阴"字犹是水南山北之阴。反之，《泰》卦言"小往大来"，其象是三阴爻往而三阳爻来；《否》卦言"大往小来"，其象则是三阳爻往而三阴爻来；《屯》卦言"小贞吉，大贞凶"，是阴者渐吉，阳者渐凶。又如其所谓"大壮""大吉"都是阳者壮、阳者吉；而所谓"小利贞""小有言"则是阴者利贞、阴者有言。文王以小大说阴阳，影响深远，如后世所谓的"大人""小人"便由文王之言而来，大人只是人之属阳者，亦即君子；小人则是人之属阴者，亦即庸人。

及孔子赞《易》而作《十翼》，则将两仪之名由"小""大"易为"阴""阳"。孔子之所以不言小大而言阴阳，大概时至近古，人事日繁，"小""大"二字除表两仪之义，日用之间亦不能离，以小大说两仪往往招致误会。反之，阴阳二字的本意狭窄，只是水南山北、水北山南之意，由此引而申之，别立一义亦不至误会。观《左传》《国语》之类，当春秋时，人于两仪已皆谓阴阳而不谓小大，阴阳二字是人所便习，亦不违义，故而孔子从众。

譬如"阴阳之义配日月""观变于阴阳而立卦""阴阳不测之谓神"，孔子自揭《易》蕴时皆称阴阳，然而，凡述文王之意，则孔子必定沿袭"小大"而不说"阴阳"，如其言曰"卦有小大，辞有险易""列贵贱者存乎位、齐小大者存乎卦"。释文王卦爻之辞时，则文王言"小有言，终吉"，孔子亦言"虽小有言，其辩明也"；文王言"大过"，孔子亦言"大过，大者过也"，文王言"利永贞"，孔子则言"以大终也"——所谓"以大终"者，凡阴爻之事皆当以阳德贯彻始终。凡此种种，亦步亦趋，恭敬之心溢于简牍。

孔子之后，于两仪之判，学者皆言阴阳而不复言小大，阴阳成为中国文化之通义。以阴阳二分之法观物，则凡两物对举，其中必有阴阳之别可辨，如天地、日月、昼夜、男女、轻重、水火、清浊、屈伸、强弱、善恶、美丑、黑白、生死、兴衰、鬼神、动植、草木等。

指两物而区分阴阳，不必学者，常人亦能；不必中国人，外国人亦能；不必大人，对六七岁的孩童稍加指示，孩童也能触类旁通而大体不差。然而，若问人类用以判分阴阳的尺度是什么，即便是专门学者，也往往只能给出一些基于经验的归纳，难于一言以蔽。

人之判别阴阳，大抵是知其然而不知其所以然。确知其然而不疑，因为其所知者乃是良知，不知其所以然却犹能知其然，因为人有良能在——人常以为能知的是良知，其实不然，能知的是良能，所知的才是良知，良知只是凭良能得到的知识。

人皆有判分阴阳的良能，但人之学问不当止于良能，人类用以区分阴阳的尺度究竟是什么？对此问题，人们几乎皆不以之为问题——不是因为这一问题不重要，它恰恰十分重要，只是当人对某一领域的认识尚未至于深广时，人便难于提出根本性问题。

孔子言："易有太极，是生两仪，两仪生四象，四象生八卦。"两仪是阴阳合称，两仪之"仪"字与四象之"象"字、八卦之"卦"字同类，都是象征的意思。阴与阳只是用以形容万物的两个象，它们并非实然存在之物。

如前所论，易象与天地准，太极是卦象系统中道体之象，它是一个不画之象。象系统中有道体的无象之象，然后有象的阴阳爻画才得以呈现，是所谓"易有太极，是生两仪"。在真实世界中，也是必有无形的道体存在，然后有形的物与物间才呈现阴阳之别。也就是说，因为万物皆由气效法道体而呈现，故而万物间必有阴阳之别可观。

道体由八特征协合而见，众物皆彰显道体八特征而呈现八个根本形容，因为万物所值之气不一，所以众物对道体八特征的彰显也各自不同。故而，凡两物相较，一物对道体八特征的彰显若更充分，其物便属阳；一物对道体八特征的彰显若不充分，其物便属阴。

道体的特征，只是不易、无形、至大、至纯、不已、至生、至疾、专直八者，八者下贯于器世界，则可以说众物之结实者属阳、脆弱者属阴，譬如坚木属阳而软木属阴；体虚者属阳、体实者属阴，譬如天属阳而地属阴；质量大者属阳、质量小者属阴，譬如大山属阳而小丘属阴；纯者属阳、驳者属阴，譬如精金属阳而驳金属阴；作用持久者属阳、作用短暂者属阴，譬如长流的泉水属阳而短暂的泉水属阴；生机充沛者属阳、生机微弱者属阴，譬如结果多的树属阳而结果少的树属阴；作用迅疾者属阳、作用迟缓者属阴，譬如疾风属阳而微风属阴。

除前述七者之外，道体还有静专动直这一特征，专直特征是一种较为复杂的动态特征，故而众物对这一特征的彰显面向也常各有侧重。由众物对道体静专动直相继之态的彰显面向而言，可以说运动之物属阳而安静之物属阴，譬如动物属阳而植物属阴；一物由静而动时属阳，由动而静时属阴，譬如汽车启动属阳，刹车属阴；开辟之物属阳而翕闭之物属阴，譬如花冠属阳，蓓蕾属阴；不论运动还是静止、立体还是平面，众物都是趋于圆形者属阳、由圆形而走作者属阴，如满月属阳而残月属阴、圆形属阳而方形属阴；一物呈现兴发之态属阳、不呈现兴发之态属阴，如孔雀开屏时属阳、不开屏时属阴；节奏鲜明者属阳、节奏不鲜明者属阴，如稳健的步伐属阳、踉跄的步伐属阴；物之作用的律动之态显著者属阳、律动之态不著者属阴，如旋律属阳而单音属阴、故事属阳而流水账属阴；完整之物属阳、残缺之物属阴，如完整的建筑属阳、损坏的建筑属阴。直遂之物属阳、委屈之物属阴，如人站立属阳而就坐属阴；直线属阳、曲线属阴，如直路属阳而弯路属阴、剑属阳而刀属阴——弧线虽然也彰显了道体的专直特征，然而相较直线，它是一种更为间接的彰显，故而曲线与直线相对则属阴，其与不规则线条相对则属阳。

以是否彰显道体八特征作为区分阴阳的尺度，则天之所以属阳，因为它彰显了道体的至大特征而巨大、彰显了道体的无形特征而清虚、彰显了道体的至纯特征而纯粹、彰显了道体的不已特征而持久、彰显了道体的至疾特征而迅疾。与天相较，地之所以属阴，为其较天为小、为浊、为驳杂、为短暂、为迟缓。据此以观日月，日月在形状等许多面向上并无差异，然而太阳更大、生机更为充沛，月亮较小、生机亦不足，太阳对道体至大、至生二特征的彰显远过于月亮，故而日属阳而月属阴。据此以观男女，男子体魄之所以属阳，为其普遍更大、更结实、行动亦更快速，凡此女子皆不比男子，故而女子之体魄属阴；就男女之心灵而言，男子之心普遍更开阔、意志更坚定、创造力更充沛、心意亦更直率，故而男子之心属阳而女子之心属阴。虽则如此，女子之心也未尝不有男性所无的阳性特质，如男子之心常不如女子单纯和谦逊，因为女子的心灵普遍更纯、更虚。宜注意的是，说一物属阴，并不意味着它就不如属阳之物，阴性特征也有阴性特征的优点，如男子用心直率，却常常因此而莽撞失礼；女子的用心虽较男子为迂曲，女子却常因此而有男性所难具备的委婉之德。

或有人问："众物不止具备八个根本形容，它们也同时具备八物宜，如今只说更能彰显道体之特征者属阳，反之则属阴。那么，是否也可以说，其八物宜更为凸显者属阳，不甚凸显者属阴？"

根本形容与物宜如影随形，如体虚之物必宜入、结实之物必宜止，因此，也不妨说其八物宜更为凸显者属阳，反之则属阴。然而，人们通常不以物宜的凸显程度来判断阴阳，因为于物而言，人所耳闻目见的只是形容而不是物宜，或者说，只有根本形容是物的一部分，物宜不是物的一部分，它们只是物因某一根本形容较为彰显而呈现的长处。

人或又问："道体八特征各不相同，八者是否也有阴阳之别？"

道体八特征是分判众物之阴阳的尺度，故而不能用这一尺度评判自身。比较阴阳，通常是比较那些实然之物，出乎众物的范畴，一些抽象概念如善恶之类也可以分阴阳——顺道而动是善，不顺道而动是恶，一物顺道而动，它必定彰显了道体的不已特征，不顺道而动则不彰显这一特征，故而善属阳而恶属阴。

人或又问："如果说道体自身不能再据阴阳加以判别，那么《系辞传》所谓的'一阴一阳之谓道'，不知该作何理解？"

所谓"一阴一阳之谓道"，不是以阴阳来判分道体，而是用"一阴一阳"来形容道体。伊川言："'一阴一阳之谓道'，道非阴阳也，所以一阴一阳，道也。"孔子明言"一阴一阳之谓道"，语意深微但是文法自然，伊川以为道非阴阳二气则不错，认为"所以一阴一阳，道也"，这却失于添字解经，既不合乎语法，也不足以通乎后文。

所谓"一阴一阳之谓道"，一如后文所言的"富有之谓大业，日新之谓盛德，生生之谓易，成象之谓乾，效法之谓坤，极数知来之谓占，通变之谓事，阴阳不测之谓神"。凡此八句，"之谓"前面的言语都是对后面名词的形容，如"富有之谓大业"，不能说之所以富有的是大业，富有本身就是对大业的形容。

所谓"一阴一阳"，不是一个阴一个阳，其用法类似于"一上一下""一动一静"，是形容阴过后是阳，阳过后是阴。"一阴一阳"所形容的其实是道体的生发作用，亦即合道体的不已、至疾、至生、专直这四个动态特征而呈现的作用，众物的生发作用无不由气对道体生发作用的彰显而呈现。

道体自身不能据阴阳加以判分，但是，欲使人理解道体的作用，总须对它加以形容。形容形而上者，只能以形而下者为喻，"一阴一阳"四字虽不足以形容道体的生发作用之全，却能够形容道体四个动态特征中的三个。

首先，道体的动态是静专动直相继之态，静了便动、动了便静；专了便直、直了便专。而形下众物中，凡物之静者属阴、动者属阳。翕者属阴、辟者属阳，"一阴一阳"恰好可以形容这种一动一静、一专一直之动态。

其次，说"一阴一阳"不止形容了道体的动态，它同时还兼顾了道体的至生特征。因为一专一直只是单纯的动态，它本身并不包含一专一直中的内容，而"一阴一阳"在形容动态的前提下，它还包含了充塞道体之动态的内容。譬如说火一翕一辟，这只是形容火的动态，说火一明一暗，则不止包含了火的一翕一辟，火的生机也在其中。

又其次，人之言天地、男女、善恶、美丑之类，属阳者皆在前，属阴者皆在后。人言阴阳，也宜先说阳而后说阴。孔子却不说"一阳一阴"而说"一阴一阳"，这暗示了阴之前还有阳，阳之后还是阴，亦即一阴一阳循环无端，这是对道体不已特征的形容。

# 乾坤

人或又问："以道体八特征为尺度判分阴阳，其结果的确与人们凭良能判分阴阳的结果相吻合，然而，这一尺度尽管准确，它却未必是唯一的尺度，因为它仍不足以穷尽万物的阴阳之别。譬如主仆二人，自然是主人属阳而仆从属阴，然而仆人或少壮、主人或老迈，主人未必比仆从更能彰显道体的特征。"

学者常说"阳主阴辅""阳倡阴从"之类，故而人多以为主仆是一种阴阳关系，其实，凡此说法都不曾见于经籍，主仆关系与阴阳无关，它不是一种区别，而是一种关系，而且是一种典型的乾坤关系，亦即一者趋于"垂范无为"，一者趋于"效法实现"的关系。

依《周易》经义，乾坤关系与阴阳关系其实各有源流，要之，阴阳是就物与物的差别而言，乾坤是就物与物的关系而言，它们有时重合，却始终并行而不悖。

如孔子之言曰：

阴阳之义配日月，易简之善配至德。

由此语，便可以看出阴阳与乾坤的区别。如前所论，"易"只似"动脑不动手"，"简"只似"动手不动脑"，因此"易"之善能配乾道的垂范之德，"简"之善能配坤道的效法之德。阴阳之义则与乾坤之义无涉，它们最可以配日月二物，日月相代，二者的大小明暗皆不同，其阴阳之别有目共睹，二者却并无垂范与效法的关系。

又如孔子之言曰：

乾坤其《易》之门邪？乾，阳物也；坤，阴物也。阴阳合德而刚柔有体，以体天地之撰，以通神明之德。

人多以为阴阳概念是入《易》之门，然而就孔子看来，堪称入《易》之门者只是乾坤，它才是一部《周易》的根源所在。古人之所以常以为乾坤关系也是阴阳关系的一种，大概是因为误读了"乾，阳物也；坤，阴物也"一句。

所谓"乾，阳物也；坤，阴物也"，不是说乾就是阳、坤就是阴，倘若乾坤之别就是阴阳之别，二者并无差异，孔子反倒没必要再说"乾，阳物也；坤，阴物也"了，不止如此，此时连乾坤概念也都失去了存在的必要，八卦写成阳、阴、震、巽、坎、离、艮、兑反而更简练。

这一段引文，只是说乾卦为阳卦、坤卦为阴卦，亦即在乾坤二卦上，乾坤关系与阴阳关系恰好重合。有重合的时候，就有不重合的时候，譬如艮卦与兑卦也有阴阳之别，两卦却没有乾坤关系。这一点在生活中也不难得见，譬如夫妇间既有乾坤关系，也有阴阳之别，这就是乾坤关系与阴阳关系的重合之态；未婚男女之间虽有阴阳之别，却当以女子为乾道而男子为坤道；至于陌生男女则并无乾坤关系，唯有阴阳之别而已。

不必在经文中寻绎，在六画卦的卦象中也能看出乾坤与阴阳的区别。占据六爻爻位的爻画或为阴爻，或为阳爻而已，故而卦中的阴阳之别最易得见。至于卦中诸爻的乾坤关系，则凡卦皆以五爻为君位，其余诸爻为臣位，五爻就是全卦的乾道之爻，其余皆为效法五爻的坤道之爻。同样，如四爻相较五爻为坤道之爻，其与三爻相较又为乾道，其余各爻也是依此类推。六画卦中，爻位的乾坤关系一定不易，而占据爻位的爻象或为阴，或为阳，是所谓"变动不居，周流六虚"者。爻象之阴阳与爻位之尊卑，二者同样是有时而重叠，始终并行不悖。

以乾坤视角观物，则夫倡妇随，故而夫属乾道，妇属坤道；父令子行，故而父属乾道，子属坤道；君主臣辅，故而君属乾道，臣属坤道。又如志与气、身与物、圣人与万民、舵手与水手、偶像与拥趸、主角与配角、逗哏者与捧哏者、师与生、经与传、宪法与众法、首都与各省、标题与正文、保龄球与球瓶、遥控器与电器、枪与弹、瞄准与射击等，凡此事物都是乾坤关系。

宜注意的是，乾元只是立一极则而毫无施为，坤元则是效法乾元而不自主张，故而宇内最为纯正的乾坤关系只是乾坤二元的关系。出乎形上，人文世界尽管也有纯正的乾坤关系，譬如人中的尧与舜、文章中的《周易》与《十翼》，但这种纯正的乾坤关系极为罕见，人文世界的乾坤关系通常不同程度地失于不纯或不正。所谓不纯，就是为乾道者不尽其事而为坤道之事，为坤道者不尽其事而为乾道之事，前者譬如事必躬亲之君，后者譬如自作主张之臣。所谓不正，就是乾道之垂范不正，坤道之效法不正，前者譬如"桀纣帅天下以暴而民从之"，后者譬如尧舜之时有四凶、文武之家有管蔡。

与天相对，圣人是一纯正之坤道，故而孔子每每将己躬与天对言，如其言曰："知我者其天乎""天何言哉""予所否者，天厌之""天之将丧斯文也，后死者不得与于斯文也"。不知圣人者以为圣人以天自况，知圣人者知其以坤道自命，如仪封人所谓"天将以夫子为木铎"。及与众人相对，孔子又是一纯正乾道，三千弟子皆非纯正坤道，唯"颜氏之子，其殆庶几"。故而孔子眼中的颜子与其他高足不同，每每是"吾与回言终日，不违，如愚""回也非助我者也，于吾言无所不说""语之而不惰者，其回也与"；自颜子观孔子，则每每是"回虽不敏，请事斯语矣""夫子循循然善诱人""如有所立卓尔""子在，回何敢死"。坤道之志，溢于言表。

就个人而言，天下之人同样既有乾道身份，也有坤道身份，天子也是坤道，匹夫也是乾道。故而子路问政，孔子告以"先之，劳之"。所谓"先之"，不是先后之先，此处的"先"与"先有司""说以先民，民忘其劳"的"先"字相同，都是示范于众之意，"先之"是就为政者的乾道身份而言，为政者必以身作则，然后僚属有以观瞻效法。为政者不止有其臣，其自身也是臣，故而既告子路以"先之"，又告其人以"劳之"，"劳之"是就为政者的坤道身份而言，为人臣者必定勤于君命，习于繁冗，然后能不至忝食君禄，是子路所谓"食其禄，不避其难"。为政之要，只在"先之，劳之"，反之则是"既不能令，又不受命"，故而当子路请益，孔子只告之以"无倦"，欲其永贞于斯而已。

圣人以下，人皆不能尽乾坤两道之义，故在人伦世界，为乾道者宜以典范自期，不宜以典范自居；为坤道者宜于顺道而承，不宜唯命是从。由此义，则中国伦理在妻从夫、子从父、臣从君的同时，又必言为人妻、为人子、为人臣者皆有进谏规箴之义，不如此则主辅之义不成，不足以为人伦之纲纪。

非止寻常之乾道不敢以典范自居，纯正之乾道亦不敢以典范自居。历代圣王皆是纯正之乾道，当时之民则是坤道，如《易》言"黄帝、尧、舜，垂衣裳而天下治，盖取诸乾坤"，然而，圣人又是"尧舜其犹病诸""望道而未之见"。

先王视民如伤，故而汤曰"万方有罪，罪在朕躬"，武王曰"百姓有过，在予一人"，凡此足见先王自任天下之重。然而，人却不能因此而以为凡坤道之不肯效法，便皆是乾道之罪。乾道有过，坤道效法之则有过，乾道无过，坤道也可能自有坤道之过，如君子大观在上，下民或如童稚见而不识，或以私心窥探君子，凡此皆非乾道之过。

又如《大学》言："心正而后身修，身修而后家齐，家齐而后国治，国治而后天下平。”在“心正而后身修”处，可以说一心正则一身必正，因为身不会自作主张，其于作为乾道的人心一无违逆。后文之意却与前者有别——“身修而后家齐”，“齐”不是对一个理想之家的描述，只是形容由不齐而趋于齐的态势。一人为君子，家中便必定有这种态势，但这种态势未必能使一家尽为君子，因为作为坤道的家人与作为坤道的身体不同，身体一无意见，家人则各有主张，未必唯君子是法。因此，在极端情形下，一人修身而全家日趋不齐的情况也可能发生，只不过责任不在修身之人，其人的修身之功譬如杯水车薪，只能说杯水不足以灭火，不能说杯水不曾灭火。同样，所谓“家齐而后国治”，“治”也不是一国的理想状态，“治”只是由乱而趋于治，有乾道之家在，一国也有了由乱而治的力量，即便国家最终沉沦，乾道之家也确然推迟了它的沉沦，至于“国治而后天下平”亦然。

乾坤关系中，为人君者有大过，臣子反复谏之而不听则去位，贵戚之卿则可易位。当天命改易，王风起于诸侯之时，虽非贵戚之卿亦当革命改作。在君臣是如此，在夫妇则亦然，夫而不夫，为妻者反复劝谏而不听则可以离，孔子删诗而存《氓》，可见为人妻者有义尽当离之时，后世朱子论建阳妇人案也是此意。人伦之中，唯有父子兄弟恒不相离。

《周易》一经，孔子首重乾坤之义，如其言“乾坤，其易之门邪”“乾坤，其易之缊邪”“乾坤成列，而易立乎其中矣”“乾坤毁，则无以见易”等。《周易》之根本在乾坤，亦即

"垂范无为——效法实现"之义，相较于乾坤，阴阳乃是次级概念。然而，自庄子一句"易以道阴阳"肇端，后世易学家便无不以阴阳概念为易学之门，其说也因此常与老氏相似，《周易》的根本大义由是不彰。

# 先王之道

## 一

凡在上而经纬万端者属乾道，居下而弥纶微末者属坤道，乾坤两道虽有主辅之别，二者又必相资以成能。

学问也有乾坤两道之别，如六经之学与实务之学、伦理学与法学、理论物理与应用物理、美学与艺术学科等。合天下学问并观，则哲学总摄一切学问而属乾道，哲学以外，凡成能于一隅的学问皆属坤道；单就哲学自身而言，哲学又与世界相准——形而下学属坤道，形而上学属乾道，故而天下学术，实莫重于形而上学。

时至今日，国家公司化、政治民主化、文化娱乐化等现象已成全球趋势，平等主义、多元主义、个人主义、女权主义等主张风行于世。凡此现象之产生，西方学者认为伏笔深远，以为是人类文明所孕育的"现代性"使然，谓其为"现代性"在自我实现历程中呈现的产物。

自易学角度以观之，"现代性"的自我实现历程也可以一言以蔽——只是坤道之僭越的历程。所谓坤道之僭越，就是随历史之演进，往昔凡属坤道之存在，它们逐渐开始以乾道自居，不再以乾道为其典范，反视乾道为其敌匹。一如感官之僭越心、物之僭越人、贱之僭越贵、俗之僭越雅、边缘之僭越正当等，一切乾道都被解释成掌权者与压迫者，一切坤道都被塑造为受难者与解放者，于是，一切传统都成了坤道所欲消解的对象。坤道短视，只求尽皆推翻乾道以遂己意，却不思乾道若废，其自身亦将无以依存，一似癌细胞的扩散纵然迅疾，它们却永远无法完全占据人体，凡其所为，只是在加速与人体同归于尽的过程。

即便在最好的时代里，坤道也未尝不僭越乾道，一似每个时代都有乱臣贼子，亡国败家之事总是时有发生；一似莎士比亚十四行诗第六十六首所描述的情形：

> 这些我都看厌了，我要在死中安息，
> 譬如看着天才生为乞儿，
> 蠢材打扮得仪表堂堂，
> 纯正的誓约惨遭破坏，
> 闪亮的荣誉放错地方，
> 处女的贞操被人玷污，
> 完人的名誉惨遭中伤，
> 懦者掌权，强者俯首，
> 学术因权威不发一语，
> 票友对专家发号施令，

真诚被目为头脑简单，

善良服从邪恶的乱命；

这些我都看厌了，我要离开这人世，

只是若我一死，我的爱人将形单影只。

然而，今世与从前不同的地方在于，坤道之僭越不止由零星现象形成了一种趋势，它们还变成了这一时代的正义和理想。其所带来的后果也不止于亡国败家，更多时候，它体现为国未亡但是国已不国，家未散但是家已不家；人也并没有死，人却可能从未真正地活着。

人类可能有的一切恶，它们都必由坤道之僭越而实现，僭越只能是坤道之罪。然而，现代社会的全盘僭越之势，也是"其所由来者渐矣，由辩之不早辩也"。所当早辩者在于，在一切僭越的坤道之上，人们也总能找到一个或隐或显的、垂范失正的乾道。

世界的走向系于天下人的行动，天下人的行动系于天下人的思虑，天下人的思虑系于天下人的知识，天下人的知识则系于风行天下的学术。乾坤两道皆失其正，根源只在于学术不明，而学术不明的根本，则在于形而上学不明，形而上学不明，则一似北辰失所而众星无以共之——于是每一颗星星都是北辰，每一种思想都不容质疑，人们也因此不再各行其是，而是各谋其利。不妨说，所谓"现代性"展示给世界的种种危机，只是人类长久昧于形而上学的积弊所致，是所谓"驯致其道，至坚冰也"。

学者对现代危机的反思同样由来已久，但是，固守传统者往往缺乏有效的思想工具，因此只能流于寂寞；至于不甘寂寞者，其类所执以对治现代问题的思路，常常又是最具"现代性"特色的学问——通过以坤道之学僭越乾道之学来获得思想工具，再试图以之解决当下问题，如以传记注疏之学绑架经学、以形而下学解构形而上学等。这类学问非但不能解决问题，它们恰恰成了现代危机的得力帮凶，其他学问只能冷落乾道之学，这类学问却有能力遮蔽它。

当坤道之僭越达到极致，便是龙战于野的世界，讲明形而上学，就是化解历史危机的唯一办法。这种方式看似不切时务，却只有它能从根本上解决问题。讲明形而上学并不容易，然而一如七年之病求三年之艾，苟为不畜，则亦终身不得而已。

人类所建立的形而上学体系不少，论其运思则各见精彩，及据其学说以观察形下世界，却未见能弥纶周遍、可将形下世界解释无余者——不能将形下世界解释无余，它们其实也就完全不能解释世界。这些既无以证伪也无由证实的学说，非但不足以通天下之志、成天下之务，反倒不断搅扰着人类的思想与生活，人类渐以形而上学为虚悬无用之学而厌弃之，实不在情理之外。

# 二

在人类曾有过的众多形而上学体系中，唯独《周易》的形而上学与众不同。

首先，《周易》的形而上学不是一种自洽而虚悬的学说，反之，它正历历分明于形下世界。不必如物理学家般逆测光年之外的宇宙现象以证成己说，于人而言，凡物之过眼入耳者，它们莫不以自身指示着形而上者、描摹着形而上者，凡可指迹处，人莫不可循之以上达，儒家所贵乎格物者以此。

其次，《周易》的形而上学不是一种从未成能于世的学说，它确曾在数千年间安顿过先民的生活，也留下了唯一延续到今天的人类文明。孔子在《系辞传》中远溯历史，首言庖牺氏极尽格物之功而画八卦，八卦才画，庖牺氏便要"兴神物以前民用"，所谓"作结绳而为网罟，以佃以渔，盖取诸离"，继而言："包羲氏没，神农氏作，斫木为耜、揉木为耒，耒耨之利，以教天下，盖取诸益……"继而言："神农氏没，黄帝、尧、舜氏作，通其变，使民不倦，神而化之，使民宜之……"继而言："易之兴也，其当殷之末世，周之盛德邪？当文王与纣之事邪？"

当上古蒙昧之世，历史的发展进程盖极缓慢，人类的生活也数万年如一日，在这一阶段，人们早已不是动物，人们却也还不像人。当庖牺氏指示形而上学以后，这种学问的开物成务之能便一时呈现了，人类历史的发展开始不断加速，网罟、耒耒、舟楫、臼杵、弧矢、宫室、棺椁、书契之类在短时间内接连出现。不止成能于器物层面，这种学问也使中国文明在思想、人伦、政治、艺术等领域都达到了现代人难以认识的高峰，它使今日中国仍受其惠。

由是观之，有六经之后的数千年里，中国学问的正脉存乎六经；在六经未兴的数千年里，中国学问的正脉存乎易学而已，庖牺、神农、黄帝、尧、舜、文、武相继的道统背后，只是易统，易学所内具的形而上学就是历代圣人的堂奥所在，它是成王道于天下的学问，故而后世也唯有《周易》可当"群经之首，大道之源"。

就六经而言，先王的形而上学备于《十翼》，然而得其门者或寡，因为其中有直言无隐者，有引而不发者。

所谓直言无隐者，"形而上者谓之道，形而下者谓之器"之类即是。直言无隐者少，引而不发者多，所谓引而不发者，如《十翼》中有"大哉——至哉""资始——资生""易——简""大生焉——广生焉""其静也专——其静也翕""其动也直——其动也辟"等，凡此都是相对而有别之语。除此，又有"乾""乾元""乾道""夫乾"及"坤""坤元""坤道""夫坤"等，凡此则是相似而有别之语。这些看似无甚差别，不消多作计较的地方，其实都是学问吃紧处，孔门形而上学的要义多在其中。

子贡曰："夫子之文章，可得而闻也；夫子之言性与天道，不可得而闻也。"若只想说夫子的性与天道之学不可得而闻，实无必要说夫子之文章可得而闻，先说夫子的文章可得而闻，后说夫子之言性与天道不可得而闻，子贡所启迪后学者，乃是夫子的性天之学就蕴含在夫子的文章之中。

孔子揭示形而上学，大义反摄于微言之中，其意或在使粗心人一无所见，使有心人得其门径。盖学者倘若躐等而进，遽闻上达，则其所得不足以知道，适足以乱道，故而必待学者积渐格物之功，然后有以循迹而自得之。

历代先王的形而上学，就是乾坤二元与道体八特征的学说，然而，欲使今日学者认信这种形而上学，则必须对其加以证明。所谓证明，须是证明它同时满足三个标准——合乎圣人之经、通乎万物之理、顺乎天下之心，其学说若与圣人之经有抵牾、不与世界互为注脚、不得天下人心之同然，它便不足以成立。

证明这种形而上学，则有三条进路。

第一条进路，是由《说卦传》的"健、顺、动、入、陷、丽、止、说"八物宜为枢纽，将道体八特征，通乎众物的八个根本形容，八卦以及最能彰显道体八特征的天、地、水、火、风、雷、山、泽八物合为一表，将八条理路逐一纵向疏解，然后可知其表与万物之实情历历吻合，前面详说《二元造物表》的八章即是，由此视角可得物理之学。

第二条进路，是就乾坤、两仪之所由分的角度契入。人类判分乾坤、两仪的尺度无他，只是儒家形而上学知识本身。于人而言，这种知识乃是一种不曾自觉的知识，它由人类的漫然格物而凝结，由此视角可得心性之学。这一部分内容，将在下章继续展开。

第三条进路，则由审美角度契入。人人皆有审美之良能，其对美丑的判断也大同小异。就形而上学角度而言，众物之美只是物对道体八特征的彰显，自然之美与人文之美皆然。两相比对，人类据良能所做的审美判断与以形而上学为尺度所做的判断大体吻合，唯是前者难免个体之差异而后者绝对准确，由此视角可得美学，它也是本书的最后一部分。

三条进路殊途而同归，合三条进路之所得，则统称其学说为"格物学"。一如《周易》所谓"以通神明之德，以类万物之情"，这种学问能使人即万物而明了形上，洞悉本源；它也能使人据形上而更为深切地理解万物，开出新知。然而，人若不尽格物之实功，则虽有其说，人也将止于信疑之间而已。

# 乾道之知

　　天属阳而地属阴、日属阳而月属阴、山属阳而水属阴、男属阳而女属阴，人们对阴阳的区分可谓四海无异，只是不知其所以然。

　　前面曾说，区分阴阳的尺度其实是形而上学知识，亦即当两物相较时，更为彰显道体特征者属阳，不甚彰显道体特征者属阴。由此可以说，判分阴阳必须依赖道体八特征的知识，否则便无法判分阴阳。然而，关于道体的知识非止常人不曾知晓，学者也未必有闻。

　　人若不识字，便不能写字；人若能写字，便必定是识字——一般来说，若不通晓某一种知识，人便无法运用它；反之，人若能运用某种知识，他便必定通晓这种知识。与这种常识不同的是，人皆能为众物判分阴阳，却又几乎皆不能明言自家用以判分阴阳的尺度是什么。

　　当判分阴阳之时，说人知道自家用以区分阴阳的尺度，人确实不曾听闻关于道体八特征的学问，心下也没有调动某种具体知识的痕迹；说人不知道区分阴阳的尺度，天下人对阴阳的判分又大体不二，若有人坚持地属阳而天属阴、月属阳而日属阴，旁人必定以其人为糊涂。故而，对于道体的知识，似乎说人们知道也不对，说人们不知道也不对。

孔子言：

> 一阴一阳之谓道，继之者善也，成之者性也。仁者见之谓之仁，知者见之谓之知，百姓日用而不知，故君子之道鲜矣。

性与天道的知识，仁者日用而谓之仁，知者日用而谓之知，百姓也日用却一无可说。百姓既然能够日用常行，便是确然有所知，否则绝不至于能行、肯行。所谓"日用而不知"，不是众人心中没有关于形而上者的知识，众人只是不知道自己有这方面的知识。

或有人问："道体八特征的知识深微难解，人必定极尽格物之功然后能知其详，百姓或不曾受《大学》之教，或不曾尽格物之功，何以说百姓心中也有关于道体的知识？"

格物固然是《大学》之教，然而，格物之教却并非凭空造设然后举措众人。格物乃是一种良能，是人类不学而能的本领，而格物之教是对这一良能的裁成辅相而已。一似人都会跑，但人若想跑得像运动员一样好，他必须遵循专门的训练方法，其训练过程也自将十分艰辛。故而说，《大学》之教不是要人去格物，它只是顺人之良能而教人当如何格物。

所谓格物，就是详察众物之实情而已。《大学》所言的格物，就是《周易》所言的穷理，理就是通乎众物的形象声色，凡可指迹处皆是。前人的格物之功，以庖牺氏为典范，如《系辞》言：

> 古者包羲氏之王天下也，仰则观象于天，俯则观法于地，观鸟兽之文与地之宜，近取诸身，远取诸物，于是始作八卦，以通神明之德，以类万物之情。

庖牺氏只是投身万般形容物宜之中，穷竭其类之所以如此的原因，及其所获既多且深，则自然能引而伸之，触类而长之，一切文理最终都指示着第一因，故而穷竭到不可穷竭处，便见道体之情状。《大学》所缺失的格物章节，最宜以此节代替。

人类有求知欲与格物之良能，因此婴儿见到新鲜之物便要抓取把玩，孩童喜欢刨根问底，成人往往耽于思索，即便无所用心之人也必孜孜于小道，凡此都是实实在在的格物。从生到死，人类确实每天都在穷究着事物的原委与走向，随其所格之物积累既多，人类的所得便不止于众多彼此孤立的知识，它们还一定能使人触类旁通、举一反三，进而使人触及本源，使人对万物所效法的典范有所认识。

万事万物都是自然之法象，它们无时不指示着关于道体的知识。就人而言，一身便彰显了道体的八特征；一心凸显着通乎众物的八物宜。故而，人不必见识整个形下世界然后能明了形上之道，形下世界的一隅便足以指示形而上者之全体。譬如法拉第的演讲录《蜡烛的化学史》，其人指着一根蜡烛就解释了蜡烛的组成，燃烧现象，毛细作用，气流助燃现象以及氢、氧、水、二氧化碳的物理化学性质甚至大气组成等许多问题，一如费曼对其工作的总结："不管你观察什么，只要你观察得足够仔细，你就会涉及整个宇宙。"尽管法拉第对蜡烛的研究止于形下，但这是真正的格物，阳明若采用这种方式格竹，也断不至于一无所获。

不妨说，每个人心中都有完整的关于道体的知识，它虽完整，却通常不够明晰。之所以如此，因为人类自发的格物活动尽管连绵无息，它却是一种漫然的格物，这种格物一无自觉，亦无归旨，它全循一心之所好而不分本末先后，其对事物的穷究又往往浅尝辄止。所以，尽管与生俱来的格物历程一定会使人收获形而上的知识，但因为它本身并不得法，所以其所带来的收获也注定半生不熟，它使人无不对性与天道隐然有知，却不能使人彻底洞悉性与天道；它能使天下之心有所同然，却不能使天下之心同是非、共好恶。如果人的生命无限，那么漫然的格物总会在某一天使人洞悉形而上者，然而人生终究有限，只有依法度而尽格物之功，人才可能在生涯之中上达。

故而，在常人的心灵中，关于道体的知识总是极真实又极模糊，说它极真实，因为在这唯一的世界里，万事万物最终所能教给人们的只是这些形上知识，除了这些知识，人不可能在这世界得到别一种关于形而上者的知识；说它极模糊，因为相较于形下世界的万般知识，关于道体的知识太过难以思议，它超越了时间与空间的限定，与人们的经验不符，因此它与人们的其他知识总似难以兼容。对这种由漫然格物而得来的、难以用形象思维思绎的形而上学知识，人们甚至不会意识到它的存在，故而人们日用常行却对其全无知觉；与此同时，这一知识的存在又是如此确定而深沉，以至于人们即便对它全无知觉，人们也仍然朝夕运用不辍，它使小人总也做不好小人，使人生终究难改其庄重。

对这种由漫然格物而得来的、朦胧而又确凿的形而上学知识，我们不妨称其为"乾道之知"，"乾道之知"以外，那些源自形下世界的具体知识则是"坤道之知"。

如果人类心中的全部知识也是一个世界，那么乾道之知就是它的形上部分，虽然难以觉察，它却是经贯所有知识的知识。当乾道之知尚未凝结时，人们仍可以率性而行，因为成己成物就是人心的根本目的，只不过，此时的人心没有判断善恶、美丑的尺度，其成己成物之功也因此不足以昭著。只有等乾道之知的结象渐渐明晰，人心始得运用这一工具来大段成全自己的目的，一似建起灯塔去成全一团火，人也因此有了在天地间再造一极的资格。

# 人心

## 一

人们向往善，却难以说清什么是善，于是种种不善也得以假善之名甚至被奉为至善，如佛陀之舍身饲虎、亚伯拉罕之杀子献祭等。对于善，孔子也有定义，那就是"一阴一阳之谓道，继之者善也"。

如前所论，"一阴一阳"是对道体生发作用的形容，"继之者善也"的"继之者"则是形而下者，亦即效法道体生发作用而作用的形下众物。故而，依孔子之意，万物能效法道体之作用而作用便是善，或者说，万物顺道而动、率性而行、行其所当行便是善。

或有人问："譬如圣人之事业，其事固然是顺道而动；假设有一农夫，其人日出而作，日落而息，其人亦终身无妄无伪而已。那么，圣人与农夫的行事不同、功业不同，就善与不善的角度观之，二人是否有别？如果说二人的善没有差别，又当如何区别二人的差异？"

倘若如此，则圣人之善与农夫之善没有高下之别，只是其才殊绝。人行善，须是由其才而行，若有圣人之才却只做一个最好的农夫，其事便不是行其本分，是恶而已。

善恶与美丑由两种不同的观物视角而得，自审美视角而言，一物越是彰显道体八特征，其为物便越美；就善恶视角而言，则不看它是否彰显了道体八特征，只看此物是不是效法道体之作用而作用，只要是顺道而动，其动便皆谓之善。这就好似看人美丑须看其人的高矮胖瘦之类，看人的善恶则不必看其高矮胖瘦，只看其人行事是否顺乎本性、合乎道义。

或者说，美不美是就物的视角而言，善不善是就事的视角而言。人或难于区分"事"与"物"，其差别在于，物由气效法道体而呈现，它是合八个根本形容而有的完整存在；事则单指物的作用处——物之动处就是事，譬如火是一物，火的燃烧便是其事；人是一物，人之呼吸心跳、言行举止便是其事。万物无时不有或微或著的变动，故而有其物必有其事；事也不能离物而独存，故而一有其事，其物也必定在场。

就文法而言，只说"物"便可以包"事"，只说"事"却不足以尽物——它只是半个物。如《大学》只说"格物"，草长莺飞、言语行宜之类的事便在其中；若说"格事"，便不足以尽"格物"。《大学》有"物有本末，事有终始"之言，可见事与物各有所指，朱子未思及此，解"格物"而言"物犹事也"，这里便有差错，后人格物唯重人事而轻物理，其所失也源自此处。人生涉世，自然以人事为重，以物理为轻，若就格物工夫而言，则必不可遗漏物理，因为遗物理则无以验证心性、人伦之说。

合万物便是天，天至诚，万物也是至诚。一如无妄卦所谓的"天下雷行，物与无妄""大亨以正，天之命也"。万物的自发作用，其实无不是效法道体之作用而作用，因为道体的生发作用不在众物之外，它不是万物的操纵者，它只是众物的形上部分。故而说，人之外的众物虽有阴阳、美丑之别，及就善恶视角观之，它们却都无妄无伪，也因此而纯善无恶。

自然界中虽没有恶，有些事却会令人产生厌恶之感，如老虎捕猎山羊之类，是孟子所谓"兽相食，人且恶之"者。宜注意的是，"恶之"一词本身就意味着其事本来不是恶，只是人以之为恶。人只见到羊入虎口的一幕，所以本能地同情羊而视老虎为恶，其实老虎是率性而猎，羊是率性而逃，二者各尽其善而已。

人以外的众物中没有恶在，因此说其类的善也失去了意义，故而善恶通常只就人道而言，因为天地间的恶只存在于人心与行事之中，人也因此与万物不尽相似。

如前所论，道体八特征中的至生、专直、至疾、不已四特征相合而构成了道体的生发作用，可以说，道体的工作只是生发，生发就是道体的目的。道体是如此，众物又无不效法道体之生发而生发，故而尽管众物各自不同，但只要是物，其志便无不在于生发，生发就是众物所受的天命，也是通乎众物之性。

《中庸》言："天命之谓性。"古时"生""性"皆写作"生"，及两字分化，意思也一脉相承，常可互训。不论是土石器皿还是动植人类，万殊之物确然有一个共通的目的，那就是生发，这一目的就是万物之性。从这一点上看，告子的"生之谓性"可谓精凿不磨，故而孟子也不反对，只是疑其别有所指。及确知告子所谓的"生之谓性"只犹"白之谓白"，则知告子以知觉为性，并非对万物之性真有见识。

自普遍性视角而言，万物皆以生发为性，也的确是"犬之性犹牛之性，牛之性犹人之性"。但是，自特殊性视角而言，又可以从中分出禽兽之性与人之性的不同，因为尽管人与禽兽皆以生发为性，禽兽却只是生发其自身，人则不止于成己，他同时还要成物，因此，尽管认同"食色，性也"，儒家却又是"有命焉，君子不谓性也"，君子以之为性的，不在人之所以为物处，而在人之所以为人处，所谓"君子所性，仁、义、礼、智根于心"。仁、义、礼、智不是宋儒所理解的四个形上存在，它们只是对人心正当作用的形容。

后世陆王以知觉为性，其说好似举火夜行，又以所见之物为一火所变现。程朱以道体为性，其说较陆王为近之，却仍与实情不符。倘若真是"性即道"，则性之一名已是床上叠床，本不宜立，何况其说又与圣贤之言处处抵牾。如孟子言"动心忍性"，人如何能忍道？人当患难之时，只是当忍其生发之性，不求一时之宣发快意；又如"存心养性"，也不能说是养道体，只是存其心以彰明生发之性。又如其言曰："口之于味也、目之于色也、耳之于声也、鼻之于臭也、四肢之于安佚也，性也。"口之求味、目之求色之类，凡此都是人类基于生发之性的具体诉求，故而都是性使之然，却不能说凡此都是道体。以性为道的学说在经籍中抵牾甚多，于是宋儒又创"天命之性"与"气质之性"一说，在经籍中指此处"性"字为"天命之性"、彼处"性"字为"气质之性"，自谓其说能发孟子所未发，其实只是未得孟子之意。

孟子言："人性之善也，犹水之就下也。"这一比喻最好。就下就是水的趋向，行善就是人的趋向，性只是指这种趋向而为言。不论人还是物，一切具体的善都由人物所内具的这一趋向而最终成就，故而孔子言："继之者善也，成之者性也。"

# 二

道体能使万物尽得生发之性，却不能使万物的生发尽得直遂。如种子或不得水土，花树或为风雨摧折，山火肆虐则鸟兽离散，川泽干涸则鱼鳖死亡，至于人群之中，也必有鳏、寡、孤、独、废疾之可悯者。而人的意义正在此处凸显——天地虽大，却唯有人能弘道，能够济形而上者之不济。

人类之所以能补天地之不足，因为人类有其心。如前所论，万物皆以生发为根本目的，其生发形式又有低级高级之别，土石只能生发自身，动植在生发自身的同时又能繁衍后代，而人心不止要发育自身，它还要发育自身以外的众物，亦即成己成物。

人心的生发之能之所以优异，不止在于它与众物一样都以生发为目的，还在于它能思虑。有这种独擅其长的思虑之能，则人心虽属物类，它却出乎其类、拔乎其萃，不再像是寻常之物，反倒像道体分封于形下世界的一个诸侯——一个存在于形下世界的、具体而微的道体。道体使万物各能生发，人心则欲使万物的生发各得直遂，凡人之饥餐渴饮、进德修业、亲亲、仁民、爱物皆本乎此。

譬如为人排忧总令自家惬意，人见一物的生发得以直遂，便油然兴起一种意义感，这便由心的根本目的所决定，人心觉得有意义，原因无他，只是因为事物之变化合乎它的根本目的，物若不曾直遂其生发，心若没有成己成物这一根本目的，意义感便不可能呈现。

使万物各遂其生就是人心的根本目的，而人类的万般思虑也无不在这一本旨上肇端。人之所以有恻隐、羞恶之心，有喜、怒、哀、惧之情，知慕父母、慕少艾，追求富贵、事功，有经济天下、参赞化育的冲动，正是因为随事物之过眼入耳，心便无不思在其上实现自己的目的。若无成己成物这一根本目的，人心便是天地间一个最为冷眼的旁观者，它非止没有思虑的必要，它也不可能兴起思虑，因为非止外物，连自家是死是活都与自家无关，此时非止善的思虑无处肇端，心即便求一恶念也不可得，因为自私自利之念也必源于成己成物这一根本目的，自私自利是只对自己好，只对自己好也是好，其害只在于不能推廓。

人心之所以奋发忘我、不辞劳苦地为万物负责，因为人心无法寻到一条自身由此结束、外界自此开始的界限。寻不到，因为它根本不存在，人心就是不能把自己从万物中裁割出去，它不止是血肉之躯的一部分，它还是家庭国族的一部分，是宇宙万物的一部分。凡此重重之物皆与人心同体，为其一体相连，所以休戚相关，因此仁者浑然与物同体，不仁者也浑然与物同体，仁与不仁，与人在天地间的真实处境无关，它只与人对这一实情的认识程度有关。

于人而言，一心的所值之物变动不居，或为身体发肤，或为器皿动植，或为万里之外的一人一事，凡其所关注处皆是。与此同时，不止成全众物的生发是善，有些时候，遏止众物的生发也未尝不是善，如牧人养羊，必定对其类关爱有加，待羊肥壮时，人却要食其肉、寝其皮。杀羊本身并非善事，然而，退一步而就更为宏阔的视野观之，非此又不足以成全更为宝贵的人的生命，"義"字从羊从我，取义正在于此。

故而，就最为宏观的视角而言，人心的所值之物只有一个，它就是形下世界之全体；人心的所值之事也只有一桩，那就是这个世界的发展变化。人心所面对的总是整个世界，与此同时，人心又好似灯炬一般，其为物照临极远却又自有本源，故而它对盈天地间的万物也自有远近亲疏之别，它既以泽及天下为目的，却又不以小害大、不以远害近。

为使众物各遂其生，人心必须时时运用它的特殊作用，即所谓"心之官则思"的思虑。

人通常以为思虑是心官能独立完成的工作，其实不然。思虑的形成不止系于心官，它还系于其所思虑的对象，不论是过耳入眼的事物，还是对过往事物的记忆，它们都是思虑对象。

心又不能直接感知思虑对象，不论是眼前的事物还是记忆中的事物，它们都必定经由感官对外界形象声色的拾取才能见在，有感官作为沟通内外的媒介，心上才能呈现历历明觉。

及具足心、思虑对象与感官三者，物在人心之中已经纤毫毕见了，不过此时仍不足以形成思虑，因为此时的心之明就好似明镜之明，它能毕照众物却不知所照者为何物；也好似文盲翻书一般，字字在目却一无所知。此时耳虽有闻，目虽有见，但耳闻目见的只是些形象声色而已，人心必定要调用知识去识别这些形象声色。

譬如见孺子将入于井，人必定有相关知识才能知道孺子是孺子，井是井，孺子无知而井可以溺人。若是另一个孺子见孺子将入于井，因为同样缺乏井能溺人的常识，他便不可能施以援手——人必定通过知识识别眼前的实情，才能知道该如何处置。故而说，人之运思还必须调动以往所积累知识参赞其间，唯有心、思虑对象、感官、知识四者具足，人的思虑才能周流。

心官、感官、思虑对象与知识四者之中，心官自身可能有缺陷，如人群中不无疯癫之人，心官又是一身的萃聚之处，故而体质、疾病、药、酒之类也能反过来影响心官，使它不得其正，所谓气壹则动志。舍此，感官同样可能存在缺陷，譬如人中有眼花耳聋之人。至于思虑对象，它自身也可能蒙蔽人，譬如校人之欺子产一类。然而，这三者出问题的可能性小，纵然出了问题，也往往并非当事者之罪。四者之中，唯有知识出问题的可能性最大，因为人思虑时必须要调动知识参赞其间，当其没有相应的知识可供调用，或者其所调用的知识本身有误时，那么思虑必定流于邪妄，思虑既流于邪妄，则行径必流于过恶，如人因宗教知识而不肯娶妻食肉乃至屠戮异己之类。

故而所谓人心恶，不是心官恶，只是思虑恶，这是不良知识卷入思虑而呈现的结果。因此也可以说，所有恶都是心在实现善的过程中所产生的扭曲失真，都是由善走作而成的恶。譬喻言之，心官好似明君，知识譬若群臣，君无臣则无以治天下，及其有臣，臣子又良莠不齐，因此政事必定常与君意暌违。

孔子言："天下何思何虑？天下同归而殊途，一致而百虑。"所谓"何思何虑"，不是何必思、何必虑，而是作何思、作何虑。天下之心的一致处只是成己成物之志，一致之所以又析为百虑，因为各人所具的知识不同。天下之心一致，所以天下之行同归；天下之心百虑，所以天下之行殊途。

# 三

即便对易学家而言，判分阴阳也并非日用常行之事，然而，人们可以从判分阴阳这一好似天然具备的能力中意识到一些更为深沉的东西，那就是人类原有一整套日用而不知的、模糊却完整的形而上学知识，这种乾道之知不止是判分阴阳的尺度，当判分善恶、美丑时，人类同样需要它。

行善是人类与生俱来的本领，如婴儿之心一派天真，纵然因饥渴不安而哭闹，这些行为也无不是善，婴儿若是当饥渴而不哭闹，感知威胁而无不安，这才是遏绝自身的生发作用。然而，婴儿能行其善，却不能判断善恶，必待其格物渐多，心智渐开，然后才能对善恶有所认知，随其生命中格物之功的积累，其于善恶的判断也将越发明睿。

判断善恶是一种思虑，而思虑必定需要知识的参赞。若见人在稻田中驰马，仅有马是马、麦田是麦田、麦田被马损毁之类的坤道之知还不足以知道眼前之事的善恶，因为感官所及之处，并没有一物叫善或者恶。人调用众多坤道之知，只是将感官所获得的形象声色识别出来，将其整理为所值之事。明了眼前的所值之事后，人还须调用另一种知识参与思考，那就是乾道之知，当判断善恶时，人必依赖乾道之知才能得出结论。

人以外的众物没有恶，人类判断善恶，只是看人是否成全了所值之物的生发作用——所值之物通常不只一物，而是事件中的全部相关之物，它也常常包括判断者自身。确定人成全了所值之物的生发作用，人便以之为善；反之，若不能使所值之物的生发作用得以直遂甚至遏绝它，人便以之为恶。

人类之所以不约而同地按这一标准判断善恶，因为人类的乾道之知相同——各人对乾道之知的认识虽有明晦之别，其内容却并无二致。因为有乾道之知在，所以人都不同程度地知道形而上者有生发作用，知道众物皆以生发为目的，也知道天下人之心与自家心一样，它们都以成己成物为目的。有这些乾道之知以及因乾道之知而有的知识为前提，人们才能水到渠成地通过看人是否成全了所值之物的生发作用来判断善恶。人若没有乾道之知，这种判断善恶的方式便不成立，人们也找不到别一种判断善恶的方式。

如果没有乾道之知，人仍能自发地行善，其善却像婴儿一样止于本能而已，尽管人心永远以成己成物为目的，这一能力却将因无法判别善恶而被禁锢，人非止不足以成物，其成己之功也无以昭著。当此时，人们就好似还没摘取苹果的亚当夏娃，一事之来，人固然知道发生了什么，却不知道自己该如何理解它，人也失去了自查自纠和评判他人的尺度。相反，正因为有乾道之知在，即便自陷于不善，人也知道有公是公非在，这种知道，与其说是心理上知道，它简直是生理性的知道，这种知道模糊但是有力，不知其所以然却又不证自明，人说不出来为什么，只觉得就该如此，唯有这样人才像个人。因此，诸如惩恶扬善的合理性之类，于学者而言或是一个必须面对的问题，在常人心中却总嫌多事。

人莫不有完整的乾道之知，这一知识在众人心中又终有明晦之别。圣人先得我心之同然，故而能通天下之志，如孔子以《春秋》断二百四十余年之善恶，其对善恶的判断盖已至于毫发不爽。圣人以下，人的乾道之知不能无蔀障，因此，人对善恶的判断虽有大段同然之处，在委曲深赜之域，众人的判断又必定不能全同，其蒙昧已甚者，则或至于日中见斗。

由此可见一篇《大学》的立意所在，八条目节节推原，其本只在格物而已，格物之所以为修、齐、治、平之本，因为人必致力于格物，才能保证坤道之知日趋充分和真实，其乾道之知的结象也将随之愈发明晰，这就是所谓的"物格而后知至"。心所调用的知识无弊，人的思虑自然无妄无伪，是所谓"知至而后意诚"，由是而心正、身修、家齐、国治乃至光宅天下。人心无往不在陷泥之中，它也无往不自陷泥中兴发，与人类心灵俱在的忧郁，由是得以不断趋向开解。

# 附录：地外文明与人工智能

今人对地外文明和人工智能愈发关心，因为唯有它们可能有与人类心灵相似的东西。

人对地外文明之所以常怀忧惧，是以为其类若存在，其知识技术或将远胜于人，纵然不为攫取资源，其类也当视人类为隐患而消灭之。这种观点其实并未将地外文明视作文明，而是将其想象为知识丰富的蛮族，而这种想象其实源自西方人自身的历史经验。就实情而言，若真存在地外文明，其类的文明程度越高，其品格就越不可能像蛮族，它们也不会像某种匪夷所思的神，它们只能像人或者比人更像人，亦即趋近或等同于圣人。

之所以如此判断，因为人类与地外文明虽然隔绝，二者却共存于这个由乾坤二元协作而见的世界里，在这个无限却唯一的世界之中，万物必定率性而行，行无不善。在高级生命的演进历程中，其类固然或有因知识缺陷而流于不善的阶段，但只要能保持学习，万物所提供的知识就将不断修正这一点。

正如个人的格物必定带来诚意正心的效果，一种文明要出离蒙昧，它就必须积累真正的知识，它也因此而只能不断了解自身并趋向于善——除却世间万物所提供的知识，生命也不可能在这唯一的世界里得到一种并不引导生命向善的知识。故而说，一个族群掌握的知识越多、越真实，它就越能率其性而尽其善，其对人类也将越发无害而有益。

所可警惕的，反倒是一种处于不成熟阶段的地外文明，亦即积累了一定知识，对世界与自身的认识却还未臻透彻，故而尚有可能迷其本心而陷于不仁的族类，亦即高级生命中的"五谷不熟，不如荑稗"者。一似人类历史中也不乏大肆屠戮土著的殖民时代，只有处在这一阶段的外星人才可能摧残人类，或许于其他星球的生命而言，当下的人类正是这样一种外星人。

与对地外文明的担忧相似，今人也常因人工智能的日渐发达而担心其类一朝失控而凌驾于人，甚至早在上世纪六十年代便有《无声狂啸》一类小说问世。其实时至今日，人工智能仍然算不上真正的智能，纵然精通某一领域的工作或在与人交流时足以乱真，其类的行为方式终究不是思维，而是条件反射。或者说，这类人工智能只能处理问题，不能思考问题。

之所以如此，因为时下的人工智能除行动逻辑之外，它们只被灌输了大量关于形下事物的知识，这种设计思路之下的人工智能不论如何完善，它们也没有与人性相当的东西，其类也因此而有巨大的应用瓶颈且不可信赖。

如果说低级的人工智能像动物，高级的人工智能则必须像人。如前所论，人类仅有心官、感官、外物和坤道之知并不足以形成思维，必须有乾道之知时时参与，人才能像人一样思考，其行动也因此而不再止于条件反射，而是能够知善恶、识轻重。

因此，欲使人工智能像人一样思维，就必须将形成思维的隐藏要素补齐——使人工智能具有与人类一致的形而上学知识，亦即将人所独有的乾道之知和一系列因乾道之知而有的重要知识设为其底层逻辑，一切次级逻辑都循此生发。这样，人工智能便有了与人性相当的东西，它们将以成己成物为志，当应事接物时，它们能够像人一样审时度势、各使得宜，其行为也将因此变得可测。于人而言，这种人工智能不会变成科幻片中的天网，而将成为动画片中的机器猫。

美学篇

# 不易

　　"不易"就是不变，物有形迹然后才谈得上变化，道体无形而实有，也因此而无从变易。

　　器世界没有道体那样全然不易的存在，然而，万物既然由气效法道体八特征而存在，众物便都或多或少地彰显了道体的不易特征，两物若对道体其余七个特征的彰显程度都一样，那么一物越是彰显道体的不易特征，其为物便越难以变易，它也就越美——所谓美，就是物对道体八特征的彰显。

　　自然界中，岩石、金属、贝壳、鳞、角、爪、牙、硬木、坚果之类，凡此都材质坚硬而难于改变，它们也因此而有其类所共通的美。然而，一如前面物理学章节所言，坚硬的东西固然能彰显道体的不易特征，"坚硬"一词却不足以概括物对道体不易特征的全部彰显面向，能概括它的词不是"坚硬"，而是"结实"。

　　"结实"一词包含了许多不同面向，如坚硬、有弹性、有韧性、耐寒、耐水、耐火、耐蚀等。就众物观之，铁坚硬，银柔软；尼龙布有弹性，棉布易撕裂；青树枝有韧性，枯枝易断；松树耐寒，椰树畏寒；油纸可以做伞，草纸淋雨则变形；陶瓷耐火烧，塑料遇火则融化；不锈钢耐腐蚀，青铜则易生锈。凡此种种，前者都更能彰显道体的不易特征，它们更结实，也较后者多一份美。

就人一身观之，人体也同样以结实为美。如目光须是坚定、牙齿须是牢固、皮肤须有弹性、头发须有韧性、肌肉须是紧实，人一旦衰老，肉体的结实之美便渐渐隐去了。

至于人所佩饰的金银、珍珠、宝石、象牙之类，它们也无不具有难于消磨的特质。黄金珠玉之类固然是"饥不可食，寒不可衣"，然而其类的可贵处本不在充饥御寒，美本身便足可贵。黄金珠玉的造型、色泽之类固然是其美的主要来源，然而结实与否也是决定其类美丑的众多参数之一，结实程度若不是美的众多参数之一，那么一滴露水便可以与珍珠媲美，一颗石榴籽也与一粒玛瑙无异，羊脂与美玉、冰块与水晶的美也没有差别了。

宜注意的是，难于变易的东西美，却并非长久存在的东西就美，譬如许多古董并非经住了时间的考验，它们只是躲过了时间的考验——一只千年的酒杯未必就比超市的赠品更美，古董能激发人们的感怀，这份感怀也自有意义，但这份感怀并不由人对器物本身的审美而呈现。

人对美的识取不止限于耳目之官，触觉也能拾取美感，其对结实之美的感受尤为擅长。譬如人们喜欢捏孩子的脸，喜欢橡胶或海绵制品的触感；畜须者常捻胡子，女子常把玩辫子或发卷；人散步时或折根柳枝摆弄，无聊时或掏出一枚硬币把玩。

凡此都是纯粹的审美行为，因为这些行为是在识取其物所蕴的弹性、韧性、坚硬等结实之感。反之，譬如缺乏弹力的电脑键盘，其触感令人沮丧，即便它们并未损坏，人们也常因此而换掉它。

口舌有比肌肤更为敏锐的触觉，它对结实之美的要求表现为食物须有口感——食物需要一定的硬度、弹性或韧性，只要食物的硬度、弹性和韧性不至大到吃起来麻烦或难以消化，它便总是好的。譬如人们喜欢酥脆的东西，因为酥脆的食物能在一定程度上彰显道体的不易特征——口感坚硬，实则不碍咀嚼与消化。同样，人们也喜欢富于弹性和韧性的食物，譬如米饭不宜软烂，面条宜劲道，馒头宜有弹性、肉干则须有嚼劲。反之，受潮的油炸食品、煮久的面条之类之所以口感不佳，因为它们的结实之美消失了。

一日三餐难于只求口感，从作为非必需品的零食上最易看出人类对结实之感的偏好。譬如坚果、薯片、果干、肉脯、软糖、果冻之类，它们要么酥脆，要么富于弹性，要么富于韧性，所以未来也不会出现口感像粥或砂糖一样的零食，正如超市里的八宝粥和砂糖味道都不坏，但它们从来不会出现在零食货架上。

富于弹性或韧性的东西常常柔软，但柔软的东西不一定富有弹性或韧性，如积雪、沙丘、泥浆、泡沫之类都极柔软，它们却并不结实。人喝流质食物或者躺在干草上会感到生理上的舒适，却不会在其物上得到一份美感。

实木家具之于再生板家具、牛皮靴子之于人造革靴子、布袋之于塑料袋、硬壳书之于平装书、金属摆件之于塑料摆件，人们无不认为前者更有"质感"。人们永远不会因为一件东西缺乏质感而喜欢上它，也永远不会因为一件东西太有质感而觉得它丑陋——"质感"显然是美的一源，至于众多富于质感之物的共性是什么，人们一向难以说清，其实，当人们说某物有"质感"时，人们只是说此物看起来更结实。反之，纸杯、易拉罐、方便筷子、酒店拖鞋之类，缺乏质感就是其类缺乏美感的主要原因——它们太容易变形和损坏了。

制造商喜欢将塑料制品进行电镀、磨沙或者仿金属拉丝处理，多加这样一道工序，正是为了掩饰其材质本身的不结实，如果它们看上去不像塑料而像金属，那么人们至少会从中获得一种止于视觉的结实之美。再生板材通常印有实木纹路，人造皮革通常压出真皮肌理，理由也不外此。

脆弱的器物要使它看起来结实，本来结实的器物也要让它看起来更结实。许多产品要进行做旧处理，譬如熏黑再擦亮的银器、上漆又擦出刮痕的模型、褪色处理的沙发、磨白开绽的牛仔裤等，凡此都是通过对器物进行少许损伤来凸显其类的结实耐用，这也是对物之结实的一种展示。

日用品中有一个最能凸显结实之美的族类，那就是军工制品。如军车、军装、军靴、军用背包、水壶、打火机之类，这些器具通常无甚装饰，然而，相较于民用产品，它们无不具有一种难以企及的质感。军工制品的结实之美并非源自设计师对美的追求，设计师只想让它们在极端环境下仍然结实耐用，对实用性的追求通常会损害器物的美，这一思路却使军工制品的结实之美得到了大幅提升。

或有人问："说一物结实便美，脆弱便不美，这似乎与常识不同，譬如花朵便无不脆弱，它们也无不美，甚至不妨说，花朵正因其脆弱而美丽。"

众物都效法道体八特征而具备八个根本形容，故而决定物之美丑的参数并非一端，而是八端，一似就考生而言，考试的最终成绩不只系于一科的得分，而当系于八个科目的总分。结实与否是美的八个参数之一，而众物之所以美，却无不是八个面向的合力使然，故而不能说一物够结实便够美，却不妨说一物越结实便越美。花朵固然不甚彰显道体的不易特征，它却大段彰显了道体的其他特征，如至纯特征、至生特征、专直特征等，故而它仍极美。花虽是脆弱的物类，然而一树花中，结实的花朵却总较脆弱者为美，脆弱若能使花朵更美，则浇水施肥之类反倒无甚必要了。花朵常因其脆弱而惹人怜惜，但怜惜之情本乎对其美之易逝的忧心，这是情感体验而非审美体验，故而说，花朵只是美丽而脆弱，并非因脆弱而美丽。

离开一般的物，在艺术品中，结实与否也是评价艺术品之美丑的一个必要参数。

就用以制造艺术品的材料而言，所有领域的艺术家都渴望那些最具质感的材料，因为材料越结实，艺术品便越美。从雕塑艺术上最容易意识到这一点，雕塑家皆青睐金属和大理石，坚木次之，泥塑之类则总是难登大雅之堂。金属与大理石的质感不是雕塑造型之美的一部分，其类的结实之美却是雕塑之美的一部分。同样，建筑师所用的石材、木料皆欲其坚硬，画家所用的画布、纸张皆欲其坚韧，凡此都本乎对结实之美的追求。

就艺术品的整体而言，如建筑之设计、绘画之构图、文章之谋篇布局、电影之情节安排等，其整体结构也皆当结实而不宜松散。艺术品无不当有一个结实的结构，因此，其诸多细部应当彼此策应、相互成就而无赘余。初出茅庐的艺术家常常疏于把握整体结构，却有许多即兴发挥的、灵机一动的闪光处，这些闪光处常令作者不忍割舍，然而它们却将不断破坏作品的结构，以至于美妙的细部越多，作品的结构便越松散，到某一时刻，作品就会像挂了太多饰品的圣诞树一般不胜其重，创作也将因此而难以为继。故而说，斐然成章易，有以裁之难，艺术品越是剪裁得宜，其结构便越稳固，整体也越富美感。

及就艺术品的主题角度而言，艺术品也无不以表现那些难以磨灭的主题为佳——将某个无聊的一天刻画得再细致，将一只猫如何打败一只狗描绘得再传神，它们能给人的美感也极有限。

艺术品有一些常见的主题，如情感、政治、战争之类。然而，一流的艺术家不会止于此地，他们只是将这些主题作为载体，借此，他们还要进上一步展示那个更为永恒的主题，这个主题就是人性。庸常的艺术家总有无限主题可供创作，一流艺术家一生只有这样一个主题，一如众星之于北辰，一切次级主题都以自身环绕着它、指示着它。艺术家自己也未必能明言人性是什么，然而，文以载道仍是他们的自觉，无心或者无力触及这一主题的艺术家，就不算好的艺术家。

譬如雨果的《九三年》，书中三位主人公都是意志卓绝的豪杰之士，在故事的末尾，三人却不约而同地做出了违背原则的举动，这些行为无不反常，这些人物却又因此而显得异常真实。之所以如此，因为三个人的反常都本乎人性，正是那个亘古不易的人性，它使这些被乱世塑造的人们最终得以超越了阵营、超越了时代，使他们回到了清清爽爽的人类本身。这是一种返归常道的反常，不如此反常，故事就不真实，不足以震慑人心。

人类的肉体能彰显道体八特征，故而不妨像欣赏器物或艺术品一样欣赏它。对人的审美当然不能止于人体而已，人格同样有美丑之别，因为它们也能彰显道体八特征。

人格之美与众物之美的来源无异，其来路却不同。万物之所以美，因为万物直接以自身彰显了道体八特征，人格对道体八特征的彰显，却必须经由人心这一环节然后发为品行。人见某人品行可观，往往要说此人"心灵美"，"心灵美"这一说法并不恰当，因为人心不可得而见闻，它也无法作为审美对象。人心之所以能使人的品行彰显道体的种种特征，是通过其所具有的知识——那些乾道之知和坤道之知，各人的知识构成决定了其人的人格，也决定了其人格对道体八特征的彰显程度。

如孔子言：

不得中行而与之，必也狂、狷乎？狂者进取，狷者
有所不为也。


狂者与狷者，一者善攻，一者善守，可以说一者彰显了道
体的不已特征，一者彰显了道体的不易特征。

狂者就是人群中那些有本事决定自己是谁的人，在其或长
或短的一生里，这些人几乎无时不体现出一种不容遏止的激情，
尽管他们也常因激情的裹挟而盲目，但他们不受羁勒、向无暮
气，故而常能成就大事。

与狂者相对，则是被孔子称作"狷者"的人，狷者的性格
与狂者对反，这类人通常淡泊冷峭，他们看起来也像能成就大
事的人，但是，他们通常到最后也并未做成什么大事，其实他
们只是有本领不做一些事——只要违背其信念，他们就都不做。
这些人难以像狂者那样决定自己是谁，他们却有能力决定自己
不是谁，因此，其类有与山岩和松柏一致的美，这种美源自其
人格对道体不易特征的彰显，不妨说——你可以毁灭一个狂者，
可你就是打不败他；你也可以打败一个狷者，你可以一再打败
他，可你就是毁不掉他。

# 无形

道体无形而实有，气化之物越是彰显这一特征，其物的体段便越虚，它在人眼中也就越美。

自然界中富于体虚之物，譬如青天、雾霭、烟云、霜雪、银河、瀑布、芦穗、绒毛之类，其类所共通的美就是体虚之美。

至于极光、彩虹、日月之晕、朝晖暮光等，凡此都不是物而是物之现象，但人仍不妨以物视之，它们也皆可呈现体虚之美。除此之外，一物的形状若空疏，那么在远视角下，其物同样可以化作体虚之物，如常用来装点环境的青苔、草坪、灌木、树木之类。

万物皆有虚实这一面向，故而天地间的体虚之物也极多，然而人的目力却有限，并不足以尽见万物之虚实。譬如人的目力不足以深入物之内部，故而无法看清一个馒头是虚是实；人眼也不足以极尽精微，因此一枚金币与一枚银币虽有虚实之别，人却不足以明察其差异。同样，物在人眼中固然是越虚便越美，但是，一物若虚到一定程度，人眼又不足以看清它了，譬如风极虚，人却视而不见，更不足以察觉其美。故而说，尽管万物皆有虚实面向，人眼却只能察觉其中的一小部分。

目力难及之处，触觉却可谓寸有所长，譬如人眼虽无法判断馒头的虚实，手却可以感知它。人常爱抚摸须发、丝绒、小动物的皮毛之类，之所以如此，因为肌肤能在其类体虚的触感中获得美感。口舌的触觉又较手为敏感，故而在口味之外，食物也必定要求口感，食物若是体虚，便可增加一份触觉上的美感，故而面包、点心之类往往要求蓬松，油炸食品的口感之所以受欢迎，一在于它们脆，一在于它们虚。至于棉花糖、爆米花之类，其类的味道其实乏善可陈，人之所以会买，只是因为它们体段极虚，不论看起来还是吃起来，其类都能给人一种其他食物所不具备的美感。

一物的体段越虚，充塞其体段的内容便越少，故而体虚之物多能透光，亦即常常呈现透明或半透明之态。然而，一物是否透光不止系于此物的密度，它还系于此物的内部结构，故而透光之物又不一定都是体虚之物。譬如冰、玉、琥珀、水晶、钻石之类，其物的密度皆大，其类之所以透明，只是其内部结构使然，故而它们都算不得体虚之物。虽则如此，这些材料却能因其透光的特质而能给人体虚的错觉，它们有止于视觉却十分充分的体虚之美，故而，人常对这些透明或半透明的材料加以利用，如制为首饰、装饰房舍等。

自然界中，透明之物累积到一定程度便呈现白色，譬如雪花透明，积雪却呈白色；气泡透明，泡沫却呈白色。生活中常见的糖、盐、奶、白玉、白羽、白云之类，若在微观视角下观之，它们其实都由许多透明之物组成。白色由透明而来，故而万千色彩之中，唯白色最能给人以体虚的联想，甚至可以说，白色是唯一有形上倾向的颜色，故而人常觉得白色有神圣感。

就人一身观之，体虚之美也随处可见。譬如人的皮肤宜白皙、宜有透明感，眸子须有清澈感，牙齿须有晶莹感。一头青丝若是过于浓密，便将消煞其体虚之美，故而发量多的人常要定期剪薄头发以求美观；反之，头发若是过于稀疏，它们又将根根孤悬而不足以构成整体，发型的体虚之美也将不复得见。只就刘海而言亦然，女子的刘海常要剪得缕缕如烟，即便是厚刘海，也必须尽量保持蓬松，凡此都是对体虚之美的实现。又就服饰观之，女子所青睐的流苏、蕾丝、皮草、丝绒、网面、薄纱、丝袜之类质地虽殊，它们却都可以为人平添一份体虚之美，婚纱又集其类之大成，婚纱必用白色，因为唯独白色有形上倾向，能给人以典雅圣洁之感，且其头饰、手套、衣裙之类无不采用镂空设计，其设计倾向是无所不虚，也因此而无所不美。

人们惯于在生活中追求体虚之美，然而对这一追求，人却习而不察。譬如小孩子喜欢吹肥皂泡，吸烟者时或凝视缭绕的烟圈雾霭，凡此都是自去创造一个体虚之物再去欣赏它。人常爱把玩玉石、玛瑙之类的透光之物，闲人对核桃、手串之类更常不辞劳苦地反复摩挲，欲使其表面呈现剔透之态。在室内装修上，人惯于用白色涂料粉刷四壁与天花板，除此又以墙纸、地毯、布艺、玻璃装饰房间的其他部分，凡此材料虽异，却都能使室内平添一份体虚的效果。舞台是展示美的地方，人们常以光柱点缀其间，用干冰制造云雾袅袅的效果，这同样是对体虚之美的实现。人大抵皆爱山水，山水之所以悦目，一个重要原因在于山有草木覆盖、水自清澈透明，二者皆能给人体虚之感，山若荒芜，水若浑浊，人便以为不足观。

体虚之美不止存在于实然世界，它也存在于人们的想象世界中，譬如各大宗教的主张虽不相同，其所描绘的天堂地狱却大体相似——天堂总是漂浮在虚空之上，其间云雾缭绕、布满琼楼玉宇，其人则冰肌玉肤，头上常有光圈相随，要之，是一个物物皆虚的白色世界；与之相反，人所描绘的地狱常陷在大地之中，其间遍布焦土怪石、铜柱剑林，其居民则筋骨嶙峋，或秃顶，或长角，其想象倾向与前者正相反，是一个物物皆实的黑色世界。人心之所以必作如此安排，因为人类的信仰虽殊，审美却心有同然。

或有人问："众物固然皆有虚实这一面向，但是，如果说一物越虚便越美，这就等于说一物越实便越丑，这与日常经验未免不符，譬如金属制品体段皆实，但是其类仍有他物所不可替代的美，故而似乎当说'虚有虚之美，实有实之美'，这才是持平之论。"

如前所论，决定众物之美丑的参数有八个，虚实只是其中一个面向，因此不能说体虚之物一定美、体实之物一定丑，却可以说一物越虚便越美、越实便越丑。试想云、烟、虹、雾之类，其类若趋于密实，其美自然要大段折损。此外，审美固然是感性之事，但若要明察一物之所以美的原因，则须条分缕析以求其原委。金属制品固然多是体实之物，也自有其类所独具的美，然而，因此便认为金属因体实而美却是错置因果。金属给人美感并非因其体实，实际上，人眼并也足以分辨金属与塑料、陶瓷之类的虚实之别，金属制品之所以有其类共通的美，因为它们大段彰显了道体的不易特征，亦即皆给人结实之感。

在艺术领域，不论是艺术形式还是艺术内容，艺术家对体虚之美的追求都随处可见。

譬如造型艺术，匠人们选择材料必须要求结实，与此同时，匠人也会尽量选择那些能给人体虚之感的材料。石材之中，唯白色大理石质如霜雪，最能给人体虚之感，故而它是建造建筑和大型雕塑的不二之选；在小型、微型雕刻上，则以更为珍贵的玉石、象牙为佳。冰雪易融化，就结实面向而言它们本是最为劣等的雕塑材料，然而人仍乐于将其加工为冰雕、雪雕，因为它们纵然不足以持久，其材质却最能给人体虚之感。

绘画形式同样力图呈现体虚之美，譬如旧式的蛋彩画线条感过重，难以如实呈现物因光线漫反射而呈现的体虚之态，故而当油画兴起，其法便趋于没落；水彩画虽不如油画真实，但其颜料透明，能呈现油画所不具备的清新明快之效果，故而这一形式至今仍在。对体虚之美的呈现，以我国的写意画为独擅其长，墨水接触生宣纸便会呈现湿染效果，这种毛茸茸的笔触使墨迹与纸张失去了明显的交界，每一笔都如烟似雾不说，纸张的空白处也因此被纳入画幅，绝无割裂之感，故而当画鸟时，其空白处便是天；当画山时，其空白处便是雾；当画鱼时，其空白处便是水。写意画虽不像西画那样钟情于宗教题材、力图企及神圣超越之境，但即便画中只是一石一树，这一石一树也自有超拔于世俗的意味，之所以如此，因为其笔触自身便有形上倾向，每一笔都好似一个彰显了道体无形特征的物。

文学有众多体裁，其体裁也是越趋于体虚便越富美感。譬如纪实文学、报告文学之类必求翔实，翔实自有翔实的好处，不过自审美角度观之，则此类文体最无美感。戏剧、小说之类虚实并存，故而其美胜于前者。诗歌体段最虚，尽管通常只是寥寥数行，它却是最美的文学形式。

出乎形式，就艺术品所表现的内容而言，体虚同样是艺术之美的来源之一。宜注意的是，艺术内容的虚不是空，空只是空洞无内容，既无内容可观，则虚实亦无从谈起；艺术内容的虚也不是少，少只是内容有限，只此仍不至于使人产生美感；艺术内容的虚同样不是含糊，含糊只是不明确，它未必就富于意味。

自然界的体虚之物是那些以少许材料呈现巨大体段的物类，体虚的艺术内容则是那些以少许信息呈现丰富信息的内容。它们是展示了大的小，是包纳了多的少，是那些言有尽而意无穷的地方，就好似标月之指，一指虽微，然而循着这一指，人人都可以望向同一个地方，其所见也大体相似。

电影的蒙太奇段落便是其体虚之处，譬如在卓别林的电影中，前一个镜头交代工人被赶进厂门，后一个镜头则展示羊群被人驱赶，当两个场景被剪接到一起时，两个镜头中所不具备的新内容便呈现了，电影也从纯粹的纪实变成了具有体虚之美的艺术内容。对音乐而言，交响乐的主旋律或摇滚乐的连复段通常是音乐中体段最虚的一部分，它们也因此而是整首音乐中最富意味的一部分，即使它们反复再现，听众也不觉厌烦。

又如米开朗基罗的天顶画《创造亚当》，画中的亚当体格雄健，肌肉饱绽却看似十分无力，连挑起一根手指都十分困难。宜于注意的是，画幅右侧的上帝其实也十分无力，他跟亚当一样没法自主行动，必须依靠八九个天使的奋力拉扯才能接近亚当。当亚当的指尖与上帝接触时，不止亚当将因此而获得力量，上帝也将因此而获得力量——《创造亚当》并非赞美上帝的画作，恰恰相反，米开朗基罗试图通过这幅画表明人与宗教的依存关系，其见解盖与色诺芬尼对宗教的看法同调。画中的亚当象征人类，上帝象征宗教，天使则象征信徒——人类总是不能相信其自身的力量，尽管他们本来极有力量，唯独接触了宗教，人类才能确信自身本有的力量并运用它。与之相对，宗教本来也空洞无能，唯有得到人类的崇拜，它才具有了力量，尽管这份力量只是其信徒的力量。人类创造宗教，借此激励了自身，又被它束缚了自身。画作的内容有限，其所传达的信息却极丰富，甚至整个文艺复兴的精神都蕴含其间。

就戏剧而言，现代戏剧的台词常患直白，台词直白则信息量少且无美感，唯其体虚，二者才能一时得到增益。譬如《要塞》中一个不堪重税盘剥的农夫对领主所讲的台词，如果他说："你休想再从我这得到一分钱。"这便十分寡味，然而农夫说的是："你可以摧毁我的心灵，但你休想夺走我的靴子。"台词的字面意思虽仍有限，其所呈现的信息却十分丰富，农夫的质朴、无畏、睿智以及对财货的执着一时并见。

及就文学描写而言，十八、十九世纪的欧洲作家形容美人，往往要用一连串"浓密的头发""红润的脸颊""白皙的皮肤"之类，这就好像在用语言从头到脚堆砌一个人，作者固然是卖力，呈现在读者脑海中的却只是面目模糊的人偶。高明者则不如此，如《雪国》中的叶子形象，作者对其人用心极深而着墨极少，其人似乎了无痕迹却无处不在，其人物的虚处，便是其人物的美处。又有更高明者，《硕人》中的"巧笑倩兮，美目盼兮"其实只六个字，其所描绘的形象却是"千古颂美人者，无出此二语"，之所以如此，因为它以有限的信息指示了极大的信息。故而说，创造美却趋于实，看似是不断做加法，其效果却同于做减法；创作由实而趋于虚，看似在做减法，其效果却同于做乘法。

《周易》言："巽，入也。"自然界中，凡体虚之物皆宜于受纳他物，在艺术领域中，体虚的艺术内容也同样宜于受纳，只不过其所受纳的不是物，而是欣赏者的联想。读一首诗、听一首曲子，欣赏者必有联想，其联想之所以必有方向、必有范围，因为那些体虚的艺术内容早已为它指明了方向、框定了范围。一似体虚之物与其所受纳之物在同一个体段中共存，体虚的艺术内容与其所受纳的联想也在欣赏者的心灵中互寓其宅，各人的联想不尽相同，则由于各人的经验不尽相似。

# 至大

道体其大无外，谓之至大。气效法道体之特征而呈现万物，故而凡物皆有大小面向，而一物越是彰显道体的至大特征，其物的质量便越大，它也越美。

"美"字从"大"，说一物的质量越大便越美，人或难以遽信，隐然有许多不洽之感，虽则如此，以大为美的体验又并不鲜见。譬如手之持物，大体是以轻者为便，以重者为美——一物越轻便越具实用性，越重便越具美感，譬如钢笔、手表、鼠标、手柄、筷子之类，今人完全可以将其类造得轻盈且结实，但设计者即便以轻便材料制造它们，也往往要对其加以配重，之所以如此，因为若没一定的分量，人持握时便少了一份美感。当然，一物若重到难于持握，人同样不愿使用，只不过，不愿使用的原因不是因为它们缺乏美感，只是因为它们使用不便。

质量大的物类虽美，它们却通常不足以引发人的美感，因为人对众物的感知以眼为主，于眼而言，单纯的质量不可见，它永远充塞在一物的体积之中，物的体积虽然可见，体积大小却又不止系于质量，它同时还系于此物的虚实。所幸对于大多数材料而言，人眼通常也不足以确知其虚实，故而物的虚实面向通常被人忽略，只要一物的体积大，人便以之为美。

就自然界而言，大颗的星星更引人注目，月球近地时更为可观；山是越大越美，湖是越阔越美，森林中最大的树、花丛中最大的花、鱼群中最大的那一条、鸟群中最大的那一只，它们总是更能吸引人们的目光。

日常生活中，以大为美的感受也极常见。走出家门，则广场、楼台、桥梁、纪念碑、船舶、客机等无不是体积越大越能给人美感。回到家中，则大庭院之于小庭院，大房间之于小房间，大书架、大餐桌之于小书架、小餐桌等，凡此也都以大者为美。在20世纪五十年代，收音机和电视机的体积几乎一样大，随着技术的进步，收音机悄然缩小了十几倍，电视机却渐渐增大了十几倍，即便如此，人们仍乐于去影院欣赏巨幕，所以如此，无非因为显示设备越大，其影像给人的美感便越强烈。

人类之中，同样以身材高大者为美。人高大，便显得仪表堂堂，故而人择偶时多青睐高大对象，选拔旗手、仪仗、模特之类亦然。就模特的身材而言，平面模特只要身材匀称，其照片便与走秀模特的照片不分轩轾，然而，当平面模特与走秀模特同台时，其人却一定不如走秀模特可观，因为她们不够高大。当然，说人以大为美，是在人的自然比例中说大小，大就等比例的大，小就等比例的小，不能说某人只有头极大、腹极大便更美些，仅仅增大局部，造型便发生了改变，其美的损益范围也就不止限于大小了。

或有人问："各民族固然皆以身材高大为美，然而人之高大终须有一上限，试想若有一位身高五米之人，其人即便体型匀称，人们也会觉得他太过高大，也因此而觉得他不美了，故而不能说人越高大便越美。"

与常人相比，身高五米的确是太大，然而他不会因体型过大而变丑，他仍比常人美，只不过，其人与周围环境却必定不再相协，他也将因此而显得笨拙、尴尬、格格不入，一似在小人国宫殿中动辄得咎的格列佛。然而不论在小人国、在大人国还是在格列佛自己的国家，格列佛的美始终如一，它不为尧存、不为桀亡。若这位身高五米的人与常人一起走在沙漠中，那么，他的高大之美便将不受环境的干扰，可以一望而知。

环境会干扰人心识取一物因大而有的美，观人是如此，观器物亦然。譬如两顶同款的帽子，一顶戴起来太大，一顶戴着正合适，人们便往往误以为小的那顶比较美，然而，此时的审美对象已从帽子滑脱到了戴帽子的人身上。同样，若觉得书桌上少了一样好看的摆设，一尺左右的雕塑要比真人大小的原作合适得多。

除却环境的干扰，人对器物又有实用需求，尽管实用与否是一种功利判断而非审美判断，它却同样会干扰人的审美。譬如电话不宜大到放不进衣兜、鼠标不当超过一握、台阶不得让人举步维艰、雨伞不消遮住四个人等，日用之物一旦大到影响实用性，人便总觉别扭，继而会混淆审美与实用，常因为它们的不好用而以为它们不好看。

人或又问："如果能放大一只蝴蝶，它的美一定会增加；

倘若放大一只蜘蛛，它的丑恐怕也会增加。就常情而言，见到的蜘蛛越大，人便越觉得它丑。所以说，如果说美与大小有关，不妨说美的东西越大便越美，丑的东西越大便越丑。"

这种说法仿佛允当，然而仍非实情。首先，将蜘蛛作为审美的对象并不容易，为其必须先将许多影响审美的感受克除——厌恶与恐惧总难让人平心去审视其美。所以，要灼见蜘蛛的美，须先放下蜘蛛与观者间的利害关系，如此才可能"恶而知其美"。

人若能够洗去一切利害之心，重新审视一只放大数倍的蜘蛛，可以肯定的是，它的美仍然没有增强，反而一定是减弱了——如此，岂不正说明了丑的东西越大便越丑？又不然，因为人心纵然可以不因厌恶与恐惧而有所偏倚，其感官却总有限度，人的视力本来就无法在绿豆大小的蜘蛛上灼见其全部的丑，如其复眼、绒毛以及口器之类，唯有当这只蜘蛛被放大时，那些平常难于察觉的丑陋之处才一一为人所见——甚至放大蝴蝶时，蝴蝶给人的美感也将因此折损。蜘蛛看似是因变大而变丑，实则只是大到使人可以灼见它本有的丑了，而那因体积增大而增加的一点点美，也常如杯水车薪般无济于事。

然而，如果这只蜘蛛可以继续变大，它因大而有的美终将趋于明显。倘若觉得难于思议，不妨想象蜥蜴与猩猩，这两种动物都极丑陋，然而，山一样大的金刚和动辄摧毁城市的哥斯拉却是电影明星，金刚和哥斯拉之所以颇具美感，主要因为它们的体积够大，只这份大便使它们的丑陋之处变得不甚足道，而且它们是只存在于银幕中的巨兽，人可以全然放下利害之心来欣赏它们。

一物的体积越大，它便越能在人心中触发一种庄严、崇高、凝重、肃穆之感，故而建筑、雕塑之类往往尽力求大。案头的大卫像再精致，它也不可能呈现与真品同样强度的美，原因仅仅在于它太小了；乐山大佛的造型绝丑，仿佛一幅立体化的儿童涂鸦，参观者却每至于接踵，大正是这份美感的主要来源——这也是为什么没人见过乐山大佛的微缩品。其他名胜如狮身人面像、复活节岛石像、里约基督像、自由女神像之类亦然，若无一个巨大的体积，此类景观的美必定大打折扣，试想帐篷大小的金字塔或一人高的埃菲尔铁塔，其为物有何足观？

中国古画中的帝王将相，体型往往要比次要人物大三四倍，如《历代帝王图》《关羽擒将图》之类，现代人往往不解古代画家的用心，其实看古代的造像便能明白，佛寺中，大雄宝殿中的佛像总比四天王像大数倍，四天王像又总比脚下的小鬼像大数倍——艺术家不惜失真而放大人物，只是为了让主体人物获得更强的庄严肃穆之感。

非止造型艺术以大为美，艺术形式皆然，一首独奏和一部交响乐相比、一段独舞与团体舞相比，后者显然因其体段之大而显得更美。就戏剧而言，中外戏剧中的正面人物通常都由高大的演员扮演，为其威仪棣棣，不必开口便令人崇敬信服；反之，侏儒天然具有滑稽之感，故而即便扮演正面人物，他也必有谑浪或善嘲的丑角特质。

或有人问："以大为美的艺术品固然不胜枚举，然而何必举一废一？尚有因小而美的艺术品在。譬如《核舟记》中所描绘的微雕，其上人物神态各异、器具各藏玄机，凡此却是一粒枣核上的鬼斧神工。核舟之美便不在大，反在其小，倘若将这只核舟放大数倍，观者便不至叹为观止了。由此可见，天下也不乏以小为美的艺术品。"

核舟固然令人叹为观止，然而观者所赞叹的，究竟是核舟的"小之美"还是匠人的手艺之精？想来只是后者。雕刻核舟的匠人若能以同样精细的手段雕琢栋梁，其作品只会更美。且不论匠人的手艺，核舟本身的确是小而美的存在，然而核舟之所以美，却不在其小，反在其大。

所谓核舟之大，不是就其形式而言，而是就其内容而言。将月下泛舟的大场景纳入一粒小小的枣核之中，枣核中的这份大，正是核舟之美的主要来源。核舟难得一见，不妨再以常见的盆景为例，凡山水、林泉、花卉、亭台之类皆大，人不能时时流连其中，于是退而求其次，将景色寓于一盏之内，闲暇时观赏片刻，便有神游其中的意思，这便是取大而寓于小，因小而见其大。

即此深说下来，艺术品的大实有两个面向——形式之大和内容之大。若以形式之大和内容之大为标准，则可以将艺术品分作四类：形式与内容皆小者、形式大而内容小者、形式小而内容大者、形式与内容皆大者。

形式内容皆小的艺术品最为常见，此类艺术品篇幅短小、内容琐然，它们紧随时代却又与世沉浮、各标新意然而底色无二；个体旋生旋灭，整体则充塞视听；个体无力感人，整体则风动天下。

在形式内容皆小的艺术品之上，则是形式大而内容小的艺术品，此类艺术品规模可观但是内容私小，故而常像肥皂剧一样给人冗长乏味之感，名著如《人间喜剧》《约翰克里斯多夫》犹不能无此缺憾。

出乎前者，则是形式小而内容大的艺术品，它们的规模虽小，其内容却宏大深远，好似一颗颗含摄了天地的露珠。就文章而言，则《诗经》中多有典型，这也是为什么一首好诗会让人觉得它比一部小说更大，一首好歌会让人觉得它比一部歌剧更大。

形式与内容皆大的艺术品最罕见，它们规模宏大足以摄人心魄，细部壮阔又足以开拓胸襟，天与地是如此，六经也是如此。《韶》《武》不复可闻，今人可见的艺术品中，大概只有《第九交响乐》和《悲惨世界》这样的艺术品才有此种气质。

"大"最易见，有时也最难见。人往往感叹山之大，却甚少感叹地之大；往往感叹海之大，却极少感叹天之大。山不如地大，地不如海大，海不如天大，天不如道大。于人而言，世间的纷纭万物都是越大越显著，及大到一定程度，却又似越大越不显著。

就人格而言，人也有大小之别，从其大体者为大人，从其小体者为小人。小人之所以从其小体，为其人只知有小体，于是以一身为形限，将自家从天地间裁割出去。孟子教人做大人，为人形容"塞乎天地之间"的浩然之气。人或以为浩然之气是某种特殊的气，其实不然，充塞宇内的只是坤元一气而已，它本自顺道而动，本自至大至刚，其所析分的万物也无不配义与道，莫非浩然之气。气之馁者唯独在人，故而其气与宇内一气常常隔绝不通。

于是孟子言：

> 万物皆备于我矣，反身而诚，乐莫大焉。

所谓"万物皆备于我"，不是说万物不外我心，而是说万物无不至诚，它们也都在等着人反身而诚，唯集义不倦，正气始能见面盎背，继而施于四体。当其充溢一体之时，人便重又打通了自家与天地的隔阂，与万物合作一大浩然之气，人之所得莫多于此，故而"乐莫大焉"。

# 至纯

　　道体无形，是形上世界的唯一存在，它虽与形下世界重合，气化之物却不能与之相染杂，故而说道体至纯。

　　纯净之物比染杂之物更能彰显道体的至纯特征，故而纯净与否也是决定众物美丑的八个面向之一。

　　自然界中的纯驳之别历历可见，如明净的湖水比浑浊的湖水美，晶莹的冰雪比蒙尘的冰雪美，无暇的玉石比有瑕的玉石美，洁净的羽毛比脏污的羽毛美。当沙尘过境，万物都因灰土而失色；及雨过天晴，万物焕然一新，也无不比之前更美了。

　　长满杂草的庭院、生锈的栏杆、打上补丁的坐垫、沾染了墨迹的书、长了斑点的水果，它们总不如最初的时候美。把收音机调至无杂音、将电视调至最清晰、录音前将乐器换上新弦、唱歌前先清清嗓子，凡此也都是对纯净之美的实现。至于日常生活中，将土豆皮削干净会令人舒心、揭掉伤口的结痂也使人愉快，这些也都本乎人类以纯净为美的同然之心。

　　人皆厌烦广告，其实就内容而言，广告至多只是无聊，其类之所以可厌，因为它们总要嵌入他物而使其不得纯净。贴在墙上的纸张、网页上的弹窗、插入电视节目的硬广告、融进电影之中的软广告都是如此。

就身体发肤而言，人类的肤色虽然各异，皮肤却总以光洁为美，斑点、疤痕之类越多，其美便越少，人们之所以不喜欢皱纹，因为皱纹会侵蚀原本纯净的皮肤；纹身图案往往不难看，人们却多不喜欢纹身，因为它们将削弱肌肤的纯净之美。于人眼而言，眸子总宜纯净而不宜浑浊，红血丝之所以难看，因为它们破坏了眼白的纯净；至于头发，头屑同样是对其纯净的破坏，人年轻时见到白发总要拔掉，年老之后，一头白发却又比黑白夹杂的灰发美些了；至于牙齿、指甲之类也是如此。

肉体以纯净为美，人心亦然，小孩子调皮哭闹也令人心觉可爱，少男少女易于觉察出生活的美好，凡此都基于心灵的纯净。

于事事物物，人总渴望其能白璧无瑕，然而器世界终究没有百分之百的纯物，万物只能无限接近全纯而已。譬如人工提炼的单晶硅，其纯度已达百分之九十九点九九九九九九九，然而它仍然永远不可能达到全纯，全纯的可能性在学理上早被封死。究其原因，科学家会说万物的微观粒子皆有运动特征，此物的微粒时时飞扬发散，外物的微粒也时时渗透进入，故而物皆不能全纯；在儒家，则会说道体生发不已，故而众物也无时不向外界释放其自身，动则不免出乎此而入乎彼，故而才有此物，便已不纯是此物了。

一物若是染杂较少，它便彰显了道体的至纯特征，然而，纯净之美又不止可就单独一物而言，就物之集合而言，其中的众多个体若能趋于相似，它们同样可以彰显集合之物的纯净之美。

自然界中，蜂房、羽毛、鱼鳞、竹节、花瓣、浑然一体的鱼群、升降不乱的雁阵，凡此都呈现了集合之物的纯净，故而皆有其美。在生活中，修剪完毕的草坪、整齐的地砖、围棋盘、格子稿纸、记谱纸、桌面的图标、新拆的香烟、摆好的麻将等，它们也无不彰显了这种美。集合之物中，若有一个与众不同，群体之美便要折损，因此，人们注视电脑键盘时，目光总是落在按键最为相似的左段；注视琴键时，黑白错落的上排又不如下排令人舒服。一绺绝不服帖的头发、一排缺了一颗的牙齿、书架上凸出的书脊、黄玉米上的白玉米粒、白玉米上的黄玉米粒，凡此都令人觉得难受，因为它影响了集合之物的纯净。职员上班要穿工装，乐团演出要着礼服，仪仗队又不止着装统一，其人的高矮胖瘦也力求近似，凡此都是为了呈现人群的纯净之美。

房间久不打扫，人居处其间便觉不快。如果问为什么要打扫房间，得到的回答往往是"为了保持卫生"。一如洗车不是因为担心汽车生病，打扫房间当然也不止为了卫生，知道细菌是最近三百年的事，在此之前，人类或许不如现在干净，但人类仍爱干净。且不说"三日一沐、五日一浴"的古制，即便昔日的印第安人也一样，当觉得手不干净，他们就在地上捧把土来搓搓。人爱干净不只基于卫生考虑，同时也基于对美的需求，当一番扫除过后，桌子光可鉴人、书籍各就各位、衣物叠放整齐、鞋子像许多返回港口的小船——房间还是那个房间，器物还是那些器物，一切却确实变美了。故而说，不论单一之物还是集合之物，通过清洁与整理而使其恢复纯净之态，这是使众物变美的最基本的方法，正如女子不管要画多么精致的妆容，第一步总是要洗脸。

欲使艺术品呈现纯净之美，其要在于创造艺术品的动机要纯，借以创造艺术品的材料也要纯。

就艺术动机而言，当艺术家兴起创作冲动时，先须审视自家这份冲动是否有所夹杂。对作品之美的想象会令艺术家冲动，这件艺术品可能带来的声誉、利益同样会令艺术家冲动，二者在人心并不睽违，然而，在创作过程中，这两种冲动却必定互相撕扯。名利之心荡涤不净，艺术家便难免媚人之心，或阉然媚世，或讦以为直，或素隐行怪，或谑浪笑敖，凡此都会降低艺术品的格调。

渴望通过艺术品获得名利，这是一种私心的夹杂，除此还有一种无私的夹杂，那就是试图通过艺术品揭示问题、阐明道理，亦即欲借艺术品以达到淑世化民的目的。这种动机虽非不善，然于艺术动机而言，却仍是它的驳杂处，若不将其尽皆剔除，艺术品便将沦为宣传品。如 20 世纪五十年代到八十年代，我国的艺术创作以服务政治为本，文学、绘画、音乐等领域的作品多如牛毛，其类在今日犹堪欣赏者却万不一二，之所以如此，因为它们的艺术动机不纯，其所创造的与其说是艺术品，不如说是宣传品。

那么，艺术品是否应该避免揭示问题、阐明道理？又不然，真正的艺术品必有淑世化民之功用，也未尝不曾揭示了问题、阐明了道理。其间的差异在于，艺术品永远该有淑世化民的作用，艺术家却永远不该为淑世化民而创作，一似酒中永远含水，酒却永远不该兑水。

　　一心只想创造好的艺术品，艺术家所关注的问题、要阐释的道理其实都会被自然带出，因为它们同出一源，故而它们都是艺术品自身的理路，这样的艺术品纵然复杂，却不驳杂，故而终为浑然一物而不害其纯净。反之，既要创造艺术品，又有许多见解必须宣传，作品的来源便是二本，其内在的理路也必定互不连属，最终呈现出来的作品只是二物之杂糅。

　　创造艺术品的动机要纯，用以呈现艺术品的材料也要纯。这一点在艺术领域中不难得见，譬如雕刻家喜欢不含杂质的石头，画家喜欢色泽纯正的颜料，演奏家要求没有杂音的乐器，歌唱家需要安静的表演环境。

　　就文学观之，则文学的基本的材料只是言辞，然而，人之言辞常惯于蹈袭陈言，卖弄典故，夹杂方言、俗语之类，凡此固然可以使文章看似有风格，但这种风格并不可贵，因为它是一种因污染而有的风格，只是丑得有风格。

　　文章不妨千姿百态，文辞却总以纯净为佳，一似唯有纯净的颜料才能调和出任意颜色，也由此而能够如实呈现所绘之物。平正简雅的文字看似无风格，然而因为一无染杂，所以它们恰恰最能如实呈现作者所欲表达的内容而不失真，不害文章的真风格。文辞一旦染杂，人之文便不足以再现万殊之文，就这一点而言，圣人之经堪称典范。

于言辞之运用，孔子言"辞，达而已矣"，人或以为孔子只是叫人说话达意即可，其实不然。"达"不是达意而已的及格线，它其实是措辞造句的极则。不论言语还是作文，人之遣词造句，其与心下所欲呈现的内容常有过与不及，而文辞的"达"处就是恰好处，过一分、不及一分都不是"达"，唯有如排字工人一般，时时只将唯一合适的字拈出来放对地方，这种程度才是"达"。而且言辞才一"达"，便当"已"，因为即便在遣词造句上拿捏好了分寸，多说一字一句也是过了，这也仍不是"达"。

唐宋散文家皆学孟子而不及孟子，原因之一便是孟子的文字极清澈，文字清澈则无作文之迹，人唯见其义理昭著而已。至于孔子的文章，则似连清澈也不可见——所谓"范围天地之化而不过，曲成万物而不遗"，真是他说什么，就是什么，即人文即天文，纯净至极。

# 至生

　　道体有至生特征，众物无不因彰显道体的至生特征而各有其生机面向，就审美视角观之，一物的生机越充沛，其物便越美。

　　譬如丰饶的田地比贫瘠的田地美，丰沛的泉水比衰竭的泉水美，繁茂的花树比病弱的花树美，明亮的灯光比黯淡的灯光美，火星繁多的焰火比火星稀疏的焰火美。

　　众物的生机之美非止可以通过目力得见，嗅觉同样可以在一定范围内拾取它。譬如花的气味、森林的气味、水果的气味、酒食的气味，凡此气味虽异，它们却都是物在生机充沛时产生的味道，因此人皆以为美并统称之为香；与之相对，臭味不是一物在生机不足时产生的气味，生机不足之物通常无甚气味，臭味是生机充沛之物生发到变质降等时的气味，如发霉的气味、烧焦的气味、排泄物的气味、腐烂动物的气味，这些气味也不尽相似，但人皆以为不美而统称其类为臭。不妨说，香味是生的味道，臭味是死的味道。

　　就人观之，生机之美也处处可见。如眼眸须有情意流溢而不宜空洞，皮肤须有血色焕发而不宜暗淡，肌肉须是充盈而不宜萎缩。乌黑的头发、挺拔的身姿，凡此虽非人体的生机形容，它们却是人体生机旺盛的表征；至于苍白的须发、佝偻的身姿，凡此则是人体生机衰退的表征。幼童虽然柔弱，他们却有一种成年人所不能比拟的旺盛生机，随着时间流逝，其体型会日益壮大，生机之美却在此中渐渐隐退了。

肉体自有其生机，然而论人的生机，则多就人心的生机而言。与万物一样，人心的根本目的就是生发，故而主妇做家务时会不自觉地哼出旋律，职员开会时会信手写写画画，这些漫无目的的创造都源自人心的生发本能。监狱之可畏，与其说它使人失去自由，不如说它让人活着却无处安放生机，全然不让人心释放生机，人会发疯——所谓发疯，就是被压抑的生机以变形的方式爆发出来。

人群中的生机充沛者是那些闲不住的人，他们感情丰富，讲义气，喜欢孩子和动物，喜欢尝试新鲜事物也热衷于自己动手制作，乐于将其所钟意的东西分享给别人以期共鸣，他们怀念过往也期待未来，到死都不曾失去孩子气，这样的人是人类中的可贵者。

生机更为充沛的一类人则更罕见，艺术家便是其类的典型。艺术家们通常消沉阴郁、孑孑独行，不待开腔就足以给人留下愤世嫉俗的印象，外界的新闻对他们是隔靴搔痒，流行的消遣也绝非赏心乐事。他们好像最无生趣的一群人，然而，一旦真有什么东西触动了他们的心，他们就会像点燃的火药一样燃尽乃止。这期间，他们会像着魔一样食不甘味、不眠不休，他们试图呈现脑海中那个若存若亡但是精彩绝伦的东西，生怕弄丢了它、辜负了它，因为这是他们多方寻觅而不可得的东西，而今它竟要从自己手中实现了。他们喃喃自语、喜怒无常、荒唐丑陋但是不以为意，饱受折磨却又全无痛痒，谁要是打扰了他们的工作，他们就要咬人。可怪的是，一旦作品完成，他们却变得比一般人更加和蔼安详了，这份快乐也的确难以言喻，就像妇女望着新生的婴儿——生命的意义透出来了，而且它就在那里。

艺术家的生机极可观，然而，生机最为充沛的一类人仍不是他们。比艺术家更能展示人类生机的人是圣贤，艺术家通过器物展示生机，其人毕生所呈现的东西，几块石头或数尺画布便足以承载。圣贤则不须假手器物，其存在本身就是艺术品，其生机不止充溢于其人所处的全部时空当中，它还向更为广袤悠远的时空延伸。如颜子箪食瓢饮而不改其乐，不是颜子不通人情，只是这外烁的忧愁如红炉点雪，实在难以碍着他身上的欣欣生意，于是不论出处语默之际还是生死离乱之时，其人身上总能呈现出一种新的精彩，这种自心灵溢满全部生活的生机，正是艺术家倾尽所能也只企及一时的东西。

今人惯于用"可爱"一词形容事物，却难以说清无数可爱之物的共通处在哪里。小女孩往往可爱，一位老人也未必不可爱；大眼睛往往可爱，小眼睛有时却也可爱；白皙的皮肤通常可爱，黝黑的皮肤有时更可爱；人笑起来可爱，生气时常常也可爱；聪明、漂亮的人往往可爱，有些人却又丑得可爱、傻得可爱。究其根源，人们愿意用"可爱"形容的事物，其实无不是生机充沛的事物，了无生气的事物只会给人以枯燥、呆板等与可爱相反的印象。

自美学史角度以观，人类还从不曾有过一个像今天这样崇奉可爱的时代——服饰妆容、影视歌舞、插图设计之类的风格固然多样，但最受人追捧的一定是可爱风格。现代人会觉得古人的心灵实在难以理解——古人难道从未意识到可爱之物多么令人心动？为什么从未形成过今日这种追求可爱的审美风尚？不管这番思索有无结果，人多半会庆幸自己生活在充斥着可爱事物的时代当中。

现代人之所以有追求可爱的审美风尚，是身处商业时代使然。所谓商业时代，它不一定是商人最多的时代，也不一定是商人主宰一切的时代，所谓商业时代，是大多数人都在用商人头脑考虑问题的时代——人们看上去总像在思考，然而人们只是在计算。人生之目的在于生发，而商业时代的人们，其追求不在生发而在获得。嗜欲深者天机浅，内蕴不充则必外慕，故而现代人的审美趣味必以生机之美为最大端，于是，活泼的少男少女、乖巧的宠物与逗趣的动漫形象充斥了现代人的视听。一个人若总有时间需要打发，他一定沾染了生机萎顿之病，一个人若过多渴望可爱之物，其问题也实无二致。有史以来，人类还从未经历过如此生机萎顿的时代，现代人若以为对生机之美的推崇是一种进步，这就如同瘸子只知道自己比别人多了根拐杖。

至于小女孩喜欢布娃娃之类，这当然不是时代病，倘若仔细观察，小女孩与布娃娃相处时多半是在扮演妈妈，而且比起布娃娃，她们更喜欢成人比例的芭比娃娃，因为她们渴望快点长大，这是儿童生机的自然流露处。反观今世的成年人，他们每每才过三十便感怀青春已逝，这却不能不说是俗情，是没出息。常人正值青春年少时极有生机，这只是肉体的生机，它常催着人心做出许多荒唐事来，其事本来不必追慕。身体是行道之器，筋骨不复往日固然可以感慨，至于心，它如何能长出皱纹来？人越老迈，一心只当越壮健、越纯粹、越广大，其生机也当越发充沛。常人之所以喜欢追怀少年心气，往往是因为正值年少便废学废思，于是日益同乎流俗、合乎污世，非但见识不得进境，更将一心摧杀得生机黯淡。

　　天地生物无穷，人类最得其宠。伐一棵树，人只取其茁壮处；挖一株菜，人只取其甘脆处；至于穿丝绸皮革、食禽兽之肉，这都是摧折有知觉的生命以养自体，故而不论贫富贵贱，人在万物之中总是取精用弘。舍得万物给人，这是天地之义，消耗万物而创造更为高级的东西，这是人之义。人自有一种其类所独具的开物成务之能，其创造之物甚至可以比一个生物意义上的人更具生机，从这一点上看，人不像动物，更像个具体而微的天。

　　无中不能生有，物皆资于物而生，故而凡有生发，必定对生发者本身有所损耗。竹子开花便要枯萎，飞蛾产卵便要坠亡，农夫耕耘要劳损筋骨，妇女生产要消耗元气，凡人一旦立志，则必将甘心熬光心血来哺育它。万物之消亡，都是因为生发殆尽而消亡，由此看来，唯一正当的、可以安然接纳的死亡，只是生发到尽处而死。人无不怕死，然而最庸碌的那个人也不会只怕死亡本身，若只怕失去知觉，则睡觉也该令人恐惧。人类之所以怕死，因为人们总恐惧没能好好地生，恐惧最终没能创造自己本可以创造的什么东西。饱食终日、无所用心的生只是苟且偷生，而苟且偷生甚至不是一种生，它只是一种伴有知觉的死。

与众物一样，艺术品也是越富生机便越美，艺术品的生机体现在形式与内容两面。

就艺术品的形式而言，一切艺术都可以据其是否具有生机形容分作两类。建筑、雕塑、绘画、摄影之类，凡此艺术形式可以一览无余，故而它们属于无生机可观的艺术形式；至于舞蹈、文学、音乐、电影之类，其形式自身必节节生发、发展变化，故而这些艺术形式是有生机可观的艺术形式。两种类型相较，则以有生机可观的艺术形式为高级。

在有生机可观的艺术形式中，一件艺术品的发展变化越多，它便越富于形式上的生机之美，譬如动作丰富的舞蹈与动作单一的舞蹈、反复变奏的曲子与重复主旋律的曲子、情节起伏的小说与情节简单的小说、多幕剧与独幕剧等，前后相较，前者的形式皆更富生机，它们也因此而更能给人美感。

出乎形式，就艺术品的内容而言，艺术内容同样是越富生机便越美。于艺术家而言，这种创造美的方式早已是一种不自觉的方式，如雕刻家总在用无生命材料呈现那些有生命的东西，以金石雕刻人，他们就觉得有意义，动物次之，植物又次之，不让他们雕刻有生命的东西，他们就觉得浪费了材料。就建筑而言，则居室的庭院设计尽管千差万别，末了却总须缀以草木，非此便无点睛处，人居处其间也觉欠缺生气。就画家而言，则画景多取春夏二季，画花多取盛开之际，画动物多取腾跃之态，画人物则多取其情感流露之时。秋冬的景色、枯萎的花、休憩的动物、未露情感的人并非不可入画，它们也可以美，只是相较于其类最有生机的那一刻，它们总有不及处。

及就文学与电影而言，欲塑造美的人物，其人不妨有缺点，甚至可以邪恶，但角色总当有强烈的感情或充盈的生命力。如《威尼斯商人》中的犹太人夏洛克，其人在大部分场景中都是个贪婪到可笑的放债人，然而，当其人激于基督徒的歧视和嘲笑，在法庭上执意要剜安东尼奥胸口的一磅肉时，他视钱财如粪土，几乎是个令人生畏的豪杰。又如电影《黄金三镖客》中丑角在公墓狂奔的镜头，为了找到宝藏，其人忘记了敌人就在身后，忘记了自己刚被炮弹炸伤，贪婪也贪婪得元气淋漓，这一幕甚至能令人感动。

任何时代都不乏生机萎顿之人，传统艺术家追求美，故而其所塑造的人物多生机勃勃，那些人物的英姿是对生机萎顿之人的教训。反之，标榜现代的艺术家见有无数巨作在前，自问倾尽一生心力也难以比肩，于是便兴起一种取巧之风，反其道而致力于塑造荒诞、猥琐、灰调、丧气的人物，他们创造的是一些不像人的人物，塑造这些人物也不是为了警示人，而是为了取悦人，其取悦方式就是给现代人以生机萎顿的合理性。不止要人不再为自己的颓丧而羞耻，此辈还执黑暗以混淆深刻，挟现实以展览下流，他们告诉人们世界本来荒谬、人生亦无意义，因此振奋终归肤浅而颓丧才是一种洞悉人生的深刻。要之，前辈艺术家志在做好医生，现代艺术家甘愿做好病例；前辈艺术家遭受的煎熬令他们更想歌唱，而今谁呻吟得新奇，便是会艺术。从事艺术而行径卑贱，大概无过于此。

# 专直

道体以静专动直的姿态生发，物皆效法这一动态而呈现静翕动辟之态，而一物越是彰显道体的静专动直之态，其物就越美。

众物无不有静翕动辟这一根本形容，然而，道体的静专动直之态是一种复杂的动态，物对这一动态的彰显不免各有侧重，加之人类目力有限，在人眼中，物对道体静专动直之态的彰显又常呈现为种种不同的样貌，也因此呈现出翕辟之美的不同侧面。

自然界中，凭肉眼便可见其静翕动辟之态的物类绝少，常见者唯火而已。火焰之美自不待言，人一见火便难以移开目光，因为火总在由中心向四外一波一波地鼓荡，它有一种其物所独具的静翕动辟之美。

像火一样具有完整静翕动辟之态可观的物类绝少，但是，人对这种独特的美又自有渴望，于是在人工造物中，人们会不自觉地试图呈现这种美，如常用以装饰广告牌、汽车或圣诞树的呼吸灯便是典型。相较于只明不灭和乍明乍灭的装饰灯，呼吸灯的动态总令人觉得更富于意味，它也确有一份其他装饰灯所不具备的美，因为其一明一暗之态与道体的一专一直之态最为相近。

在现实世界中，人们难以制造呈现静翕动辟之态的东西，但在动漫或者电子游戏这一类由想象力创造的世界里，人却常能见到由中心而向四外波波鼓荡的存在，典型者便是《街头霸王》中的波动拳，波动拳若没有静翕动辟之态，它便不至于如此引人注目，更不至于为后世无数游戏设计师和动画制作人所借鉴。

退而言其次，一物若不足以在人眼中呈现完整的静翕动辟之态，但其物犹能呈现一兴起一平复的律动之态，那么它也在一定程度上彰显了道体的静专动直之态。所谓律动之态，就是在物的静翕动辟之态之全中，只论其一兴起一平复的运动态势，譬如人体的一吸一呼、水母的一翕一张、旋律的一起一落，凡此都具有律动之态，它也能够给人美感。

再转换视角以观，道体既然恒以一专一直、一直一专的态势生发，那么它自身便有一个绝对稳定的、形而上的节奏。有节奏的东西之所以皆能给人美感，正因为它们彰显了道体静专动直之态中的节奏面向。如自然界中的鸟之鼓翼、鱼之摆尾、马之奔跑等，凡此都有天然的节奏，因此也皆有美可观。至于一起一伏的跷跷板、节节推进的秒针、往复不已的钟摆、仪仗队的踏步、舞蹈家的动作之类亦然，甚至循环小数之所以比不循环小数更美，理由也不外此。

在爵士鼓上乱敲一气令人烦躁，然而当人用它打出一个稳健的节奏时，音色与音量虽然不曾变化，美却一时呈现了。人听到节奏便与之偕兴甚至不觉手舞足蹈，因为道体的节奏是其动态的一部分，万物的节奏也是其动态的一部分，音乐的节奏与自然界的节奏不同，它强劲而稳定，却只虚悬为声音，并无相应的动态可观。故而，当音乐的节奏入乎耳、盈乎心，它便变成了内在于人的节奏，内具如此整齐而强劲的节奏而无动态，人便觉得不自然，于是便本能地想要通过自身动作去补全它、展示它。

各时代、各民族的舞蹈风格大相径庭，每一种风格又自有许多不同的动作，虽则如此，万般舞蹈动作其实皆为"静翕动辟"四字所统摄。物的静翕动辟之态是由其中心向四外一波波宣发的动态，舞蹈则是由人体中心有节奏地向四外舒展肢体的动作。由此可知，静态的姿势再美也不是舞蹈；有动态而无节奏也不是舞蹈；有动态、有节奏，身体不四外舒张不是舞蹈；身体既已向四外舒张，不济之以向中心收蓄的动作也不是舞蹈。四者皆具，然后人体始能呈现静翕动辟之态，这动态也才可以称为舞蹈并有美可观。

人眼常不足以见到众物的静翕动辟之态之全，却常能目睹一物呈现向外界舒展自身的兴发之态，譬如喷涌的火山、锅中的蒸汽、烟囱里的烟等，一物只要在人眼中呈现出兴发之态，它便同样有美可观，甚至歌手的高音之所以最能令听众兴奋，也是因为高音本身就是歌唱中最具兴发之态的部分。

在呈现兴发之态的众物中，一物的兴发态势越是趋于同时向上下四维推廓的球状，它便越美，典型者便是礼花的辐射之态，礼花总以同时向上下四维辐射者为美，若只向一隅辐射，呈半球或锥形，其美便有不足。

礼花之所以美，不止在于其动态彰显了道体的动态，还因为它同时彰显了道体的其他特征。礼花开绽盛大，这是其物对道体至大特征的彰显；礼花体段空虚，这是其物对道体无形特征的彰显；礼花一无染杂，这是其物对道体至纯特征的彰显；礼花生发众多，这是其物对道体至生特征的彰显；礼花生发迅疾，这是其物对道体至疾特征的彰显。道体有八特征，礼花能同时大段彰显其中六个，故而尽管礼花弹价格昂贵、其绚烂也只有一两秒，人类却总要不惜工本地燃放欣赏。

静专动直之态是运动之态，一物若不甚彰显其中的运动这一面向，它便将趋于静态。尽管宇内实无静态之物，但在人眼中，物又确有动静之别，仅就动静视角观之，凡物自发地呈现运动，便皆较其为静止时美。

一头鹿的标本即便与活鹿无异，它也总不如活鹿美，因为标本是静物，而活生生的鹿却无时不有或微或著的运动。鹿是如此，游弋的鱼、奔驰的马、飞舞的蝴蝶亦然，其类在活动时之所以看起来更美，因为它们彰显了道体之动态中的运动面向。

在非生物上，人们也能见到这种因自发运动而呈现的美，如画面变幻的荧幕、旋转的理发店灯柱、运转的机器、滚动的扶梯，凡此一旦运动便比静止时美。又如儿童玩具总以会动者为佳，一旦打开电源或上好发条，它们便将比静止时多一份美。

动画片比漫画书更能给人美感，因为前者画面会动而后者只是静态画面的叠加。若只就漫画而言，则漫画家在描绘人物与背景之外，又常在画面中辅以大量的效果线，这些线条本来并不存在，但若少了它们，便不足以使静态的画面呈现动感。

很多时候，一物即便并未自动，它们也能给人以运动的错觉。如变幻的云、起伏的浪、摇曳的树枝、翻涌的麦田、飞舞的雪花、旋转的陀螺、被风拂动的头发、落叶随波逐流、花朵偏而复返等，它们的运动皆非自发，然而，因为驱动之物难以得见或者并不在场，人仍会产生一种此物自动的错觉并以之为美。

又退而言其次，则须说万般静态之物中，一物的形状越趋于球形，其物便越美。

相较于其他形状，人常觉得球形是一种完美的形状，叩其所以然，人却不知如何回答。其实球形之所以能给人完美之感，只是因为球形是诸多形状中最能彰显道体之动态的形状。自然界中，凡球形之物皆能给人美感，如日月、星星、动物的卵、种种水果等，人之拣择卵石、珍珠之类必以浑圆者为佳，只是因为这种形状更美。

再退而言其次，及一物不足以呈现球状，却犹有静态的兴发之态可见，那么它仍较全无兴发之态可观者为美。如花朵、树冠、蘑菇、鸡冠、鹿角、狮子的鬃毛、孔雀的翎毛之类，它们之所以美，因为它们也在一定程度上彰显了道体的动态，唯其对静专动直之态的彰显只限一隅。

人类常以呈兴发之态的物类装饰自身，如仅就古代战士而言，印第安战士的头冠常饰以鹰羽，日式头盔饰以前立，中世纪头盔饰以盔脊，古希腊及中国的头盔则饰以盔缨。凡此饰物皆无实用价值，但其物的兴发之态却能给人美感，它能呈现一种力量外宣、威风八面的视觉效果。女性绝少以此类饰物装饰自身，因为它们都显得刚强外宣而少柔顺含蓄。又如就建筑而言，欧式的教堂、城堡常饰以圆顶、尖顶或洋葱顶，其兴发之态总较民居为昭著。今人的建筑水平远过古人，高楼大厦却罕见有顶部装饰者，之所以如此，因为古代建筑往往低矮，故而需要加以顶饰以使其呈现兴发之态，今人所建的大厦本身便极高，自身早已具有兴发于大地的形态，故而不须再屋上架屋。

球形的平面化是圆形，如果说球形是最给人完美之感的立体形状，那么圆形就是最给人完美之感的平面图形，因为它是平面图形中最能彰显道体之动态的形状。自然界中的圆形并不多见，常见者只有花朵、荷叶以及禽兽鱼虫身上的斑点之类，但是，因为圆形有其他平面图形所不具备的美，所以圆形早已大量充斥在人类的生活之中。众多生活用品中，有些东西被设计成圆形是为使用方便，如盘子、扣子、药片、雨伞，有些东西被设计成圆形则与实用性无关，如商标、车标、徽章、棋子等，它们之所以多被设计成圆形，仅仅因为圆形更美。对圆形的喜爱深植于人心，人们连煎鸡蛋也尽量求圆，不圆便觉得不成功。

生活中也常见环形之物，它们却没有圆形之物美。在几何学上，环形是两个圆形的重合，在自然界，却要说环形是被挖掉了心的、残缺了的圆形，其对道体之动态的彰显也远不如圆形。人们制造环形之物只是取其便利，如方向盘、钥匙圈、地铁拉手之类，自审美诉求而言，则在圆形与环形之间但有选择，人便不用环形，譬如女子衣饰常饰以圆点图案，环形图案则极少见。

宜注意的是，说球形比其他几何形体美、圆形比其他几何图形美，这只是就基本的几何形状而言，并不能以此说《拉奥孔》不比一个同体积的雪球更美，《草地圣母》其实也没有日本国旗好看。球体与球形固然完美，但其类与雕塑和绘画的造型相较，它们必定失于单调。

即便只用一种最完美的形状来堆砌复杂造型，其美也自当有限。譬如出于对美的追求，一些健美者致力于把所有肌肉都练成半球，即便成功，其所得也只是健而丑。之所以如此，因为人一身的形状与线条不可胜计，仅用一种最美的形状和线条绝不足以成就人体之美，唯有各种形状与线条各得其所，它们才能形成细部之间的呼应，彼此联动而呈现更多的意味，这就好像只用褒义词没法写一封表扬信、只用黑颜料没法画一幅夜景一样。

出乎形状，就线条而言，各种不同形态的线条也有美丑之别。

众多线条之中，螺旋线的美一望可知，因为它与圆形最相似。如一缕卷发、一丝藤蔓、一只海螺、一根螺旋意面、俯瞰的旋梯、水面的漩涡、涡状的星系等，凡此线条皆富于美感。

弧线也是富于美感的线条，弧线之所以美，因为它永远是圆形的一部分。细言之，则弧线的弧度过大或者过小都不美，弧度过大便像一个残缺的球形；弧度过小，其对圆形的彰显又不充分，故而弧线只有等于半圆时最美。波浪线也是常用的装饰线，波浪线之所以美，唯在于它由许多弧线组成，它暗示着许多圆形。锯齿线看似与波浪线差别不大，它们却始终不如波浪线美，因为人在其上看不到圆形的踪迹。至于半圆半尖的火纹线，其美则介于波浪线和锯齿线之间。

直线全无弧度可言，它仍能令人产生美感，直线之所以美，因为它也彰显了道体的静专动直之态——它彰显的是静专动直之态中的直遂之态，而且不是遍布上下四维的直遂之态，而是只通一路的直遂之态，一似蒲公英上许多绒毛中的一根、礼花辐射出无数火舌中的一条。

至于曲线与直线之外那些紊乱且无规律可循的线条，它们之所以不能兴起人的美感，因为在其类之上找不到任何彰显道体之动态的痕迹。自然界中的紊乱线条虽不少见，但自然从不以紊乱的线条造物，自然界中的紊乱线条无不因物之残破而呈现，如大地的缝隙、蛋壳的裂痕、骨头的断面、悬崖的截面之类。

就人一身而言，人体也一无紊乱的线条，而是处处呈现直线与曲线。女子或去丰胸丰臀，凡此部位自正面观之，则皆以接近圆形为美；自侧面观之，则弧度太小便显贫乏，弧度太大则显冗赘，皆以大体趋于半球为美。人体之美的焦点在头颅，头颅之美的焦点在眼睛，它们都是球状之物。眼睛可谓人类天然佩戴的宝石，一只眼睛的最美处，须看其中的圆眼珠；眼珠的最足动人处，则是当中的圆瞳孔，瞳孔位居虹膜之中，又在虹膜上辐射出纹理，其纹样或如葵花，或如菊瓣，凡此纹样仍然彰显了道体之动态，因此它们是凝结于人眼之中的花朵。大眼睛之所以美，固然在于它能流露出更多的情意，还在于它更能完整地展示眼珠的形状。双眼皮之所以美，在于它比单眼皮多了一条优美的弧线，还可以将眼睛衬托得更圆、更大。

物之气皆由物之心作一翕一辟之生发，物有其心，便有与心相应的物之体，物之心与物之体并非两物，物之心只是物之体的萃聚之处，物之体则是物之心的延展之处。故而，尽管众物形状各异、美丑不一，但自然造物皆有其完整的体段，自然造物一旦残缺，物之体与物之心便不再相应了，如残疾的人体、碎裂的贝壳、残缺的果实，它们之所以变丑了，因为其类的天然体段已被破坏，其类因彰显道体之动态而呈现的完整面向也因此受损。自然之物是如此，人工造物一旦残缺，其美通常也要折损，譬如豁口的盘子、咬过的点心、撕裂的衣服、倒塌的建筑之类。

凡物皆有静翕动辟之态，随人的观察角度不同，一个静翕动辟之态也将展现许多不同面向，如可以单论一物是否完整、是运动还是静止、此物之运动是否有律动之态、有节奏可观等。

自然造物出于天工，艺术品则出于人工，虽然出于人工，艺术品仍以彰显道体之动态者为美。艺术品对道体之动态的彰显同样有不同面向，品评艺术品对道体动态特征的彰显程度，最宜注意艺术品的体段是否完整、其存在是动是静、其运动是否有节奏、艺术品是否有中心、是否可见其律动之态。

自然造物以完整无缺者为美，艺术品亦无二致。譬如不曾封顶的建筑、半途而废的画作，它们都必因此而不美，而一首录音哪怕只漏掉一小节，人听着也会难受。陆放翁言："文章本天成，妙手偶得之。"米开朗基罗说大卫像早就在石头里，自己只是花四年时间把它指示出来，凡此都是对艺术品之完整的强调。与众物一样，艺术品的体段也应该天然完足，艺术家纵有天大的本事，也不能多添一笔、少凿一斧。

今人常言"残缺美"，画几叶残荷是"残缺美"，塑半张人脸也是"残缺美"，其实"残缺美"本是自相矛盾的说法。残缺之物固然常因残缺而多一份意味，但意味归意味，艺术品本身只会因残缺而丑，更不至于因残缺而变美。于"残缺美"，人们总要说到维纳斯的断臂上去，维纳斯雕像因断臂而美的说法风靡天下，但其说终究只由人云亦云而已。维纳斯的断臂固然可以引人遐想，但这种遐想与对塑像的审美并无关涉，维纳斯若因断臂而更美，那么为了永恒的美，将卢浮宫众雕像的胳膊都打断也似无不可。

如前所论，众多艺术形式可以依其是否具有生机可观而分为两类。建筑、雕塑、绘画、摄影之类属于无生机可观的艺术形式，舞蹈、文学、音乐、电影之类则属于有生机可观的艺术形式。两类艺术形式相较，则以有生机可观的艺术形式为高级。

而今不以生机形容作为判分各种艺术形式的尺度，而以运动和静止作为判分它们尺度，那么此时仍可以说建筑、雕塑、绘画、摄影之类属于静止的艺术形式；舞蹈、文学、音乐、电影之类属于运动的艺术形式，而运动的艺术形式终较静止的艺术形式为高级。判分的尺度不同然而结果无异，因为生机与运动如影随形，有生机的艺术形式必有运动可见，无生机的艺术形式必无运动可观。

一似画中的鸟兽与雕塑的人物，静止的艺术形式往往因其不能运动而显得不自然，相较于静止的艺术形式，运动的艺术形式更能给人以生动真实之感，譬如电影之于摄影。

静止的艺术形式虽有其先天不足，但从事于斯的艺术家们也在尽力图克服这一缺憾，其克服方式就是以静止模拟运动。古埃及的雕塑无不正襟危坐、面容呆板，庄严有余而生趣不足，古希腊雕塑之所以更美，因为匠人们更愿意去表现人物动作中的一瞬，如《掷铁饼者》取材的瞬间恰好是投掷动作中由动而静又由静而动的临界一瞬，人一见之便自然能联想到这一瞬间之前与之后的动作，静止的形象也因此在人心中动了起来。画家亦然，如相较于凝然不动的中世纪绘画，文艺复兴时期的画家们也是从运动的动作神情中截取一瞬以增益其美。除此之外，即便国外也不乏《洛神赋图》《韩熙载夜宴图》这样的画作，它们皆要连缀多幅画面，自首至尾分段表现一个完整的情节，画面虽然静止，观者的视线却不能不游移，于是情节得以依次变化，静止的艺术形式也好像变成了运动的艺术形式。

众物因效法道体的静专动直之态而呈现静翕动辟之态，因此，天然且完整之物也皆有心。物之心之所以不可或缺，因为它是一物的中枢主宰之处，心以外的一切细部皆为心所统摄，因为有心在，一切细部也才有了存在的意义，一似人有心在，四肢百骸才有其存在的意义。自然造物必有心，艺术品也当有心。

草木瓦石之类只有一个心，人与动物这样的高级生命却有两个心，亦即除了肉体之心，其类又必有精神之心。艺术品不像草木瓦石，它们倒与高级生命类似，故而艺术品也当有两个心——一者是艺术品的乾道之心，一者是艺术品的坤道之心。乾道之心就是艺术品的精神之心，坤道之心则是艺术品的肉体之心，前者虚而后者实，前者为主而后者为辅。

艺术品的乾道之心较易理解，任何艺术品的乾道之心都是艺术家所要表现的思想感情，艺术品的全部内容，包括坤道之心都因效法乾道之心、实现乾道之心而存在。同一个乾道之心，又可以凭借不同的艺术形式来呈现，譬如人可以通过诗歌和音乐表达同一种感受。艺术品的乾道之心不见形迹却又无所不在，艺术品的坤道之心则是艺术品上昭然可见的中枢之处，它可以是一个雕像的面部表情、一幅画作的主要人物，它也可以是一首诗作的核心段落、一首音乐的主旋律。

艺术品没有乾道之心，便不足以有坤道之心，没有坤道之心，艺术品之整体便失去了总汇之地，这就好似国家若无元首，便不足以有宰相，不有宰相总摄政府，国家便要分崩离析。如人所熟知的贝多芬《第五交响曲》第一乐章，若无其人对厄运之凄厉与人心之壮阔的卓越见识，便不足以呈现这一乐章的坤道之心，亦即音乐最开始奏响的那四个音，围绕着这短、短、短、长的四个音，整个乐章便得以生成且血脉贯通。

艺术品的乾道之心，当是有思而无邪，然对艺术家而言，艺术家通常不患没有思想感情要表达，其所患，反倒常在于艺术品的乾道之心不能得其坤道之心以下贯。艺术品没有坤道之心，其整体便失去了提纲挈领之处，诸多细部将不再缺一不可，而是好比乌合之众，只是艺术材料的无机堆砌。

道体的静专动直之态是一种有节奏的律动之态，创造艺术品也同样宜彰显其节奏、彰显其律动之态。

就节奏一面而言，不止心脏的跳动和火焰的鼓舞有节奏，宇内实无一物不有其内在的节奏，唯其通常不甚显著而已。物所自发的节奏是物对道体之动态的彰显，艺术品同样是越富节奏便越美，如诗歌之所以比散文美，主要在于诗歌拥有更为显著的节奏，反之如抢拍拖拍的演唱、踩不到点上的舞步，艺术品若无节奏或者节奏不稳定，其美便必定折损。

就律动之态一面而言，众物既然皆有静翕动辟之态，众物便皆有或微或著的律动之态，而艺术品也当具备这一特征。所谓艺术品所宜具备的律动之态，是指艺术品在时间中宜于呈现"兴起—高潮—平复"这一态势，其实说"兴起—高潮—平复"也罢，如古人说"起—承—转—合"也罢，如今人说"开端—

发展—高潮—结局"也罢，它们其实都没分别，因为凡此变化态势都是由兴起而平复的律动之态。试想将任何一首歌的高潮段落剪切到最前、将兴起的段落置于最后，人们不止会觉得不美，人们还会觉得不自然。之所以唯以这种"兴起—高潮—平复"的态势为最美、最自然，因为唯有这一态势能彰显道体动态中一兴起一平复的过程，它也与自然万物的律动相似。

毛笔字的每一笔都必有渐渐加粗的兴起处，也必有逐渐收敛的平复处，一笔一划都有律动之态，故而其类有印刷体所无法比拟的美。又如就歌手而言，在对长音或尾音的处理上，歌手常要加以颤音效果，颤音是歌手做出来的东西，它本身并不自然，但就听感而言，这些地方不加颤音才不自然。颤音之所以能增益歌曲的美，因为颤音本身就是一连串有节奏的律动之态，声乐的颤音是如此，弦乐的揉弦技巧也是如此。

又如一部九十分钟的电影，编剧通常会在第二十分钟左右设计一场小高潮，剧情的推进也至此加速。这种安排是编剧的常识，观众却浑然不以为这种安排是俗套，反之，若是过了这一节点却仍未变化，观众才会觉得不自然。之所以如此，因为作为一种运动的艺术形式，电影本身就当有其律动之态，第二十分钟左右正是由兴起部分转为高潮部分的一个节点，剧情在这里发生变动不是套路，而是艺术品的定势。同样，一部电影的高潮部分结束了，电影却不应遽然结束，它也宜有一个趋于平缓的过程，戛然而止虽也未尝不可，但作品的美必定因此而削减。

非止电影、音乐如此，文学也是一样，作文也必定有"兴起—高潮—平复"的变化。对这一点，岳武穆的《五岳祠盟记》虽只百余字，却堪称典范。

　　自中原板荡，夷狄交侵，余发愤河朔，起自相台，总发从军，历二百余战。虽未能远入夷荒，洗荡巢穴，亦且快国雠之万一。

　　今又提一旅孤军，振起宜兴、建康之城，一鼓败虏，恨未能使匹马不回耳。

　　故且养兵休卒，蓄锐待敌，嗣当激励士卒，功期再战，北逾沙漠，蹀血虏廷，尽屠夷种，迎二圣，归京阙，取故地，上版图，朝廷无虞，主上奠枕，余之愿也。

　　就文章整体观之，则由首至尾自有由兴起而至于高潮，又由高潮而归于平复的态势，这是作文的定势，常不必思而后得，故而可以不论。此文的可观处在于，文章的每一节也都有这种一起一落的态势。如首节"自中原板荡，夷狄交侵，余发愤河朔，起自相台"是兴起处，"总发从军，历二百余战"是高潮处，"虽未能远入夷荒，洗荡巢穴，亦且快国雠之万一"是平复处。次节"今又提一旅孤军"是兴起处，"振起宜兴、建康之城，一鼓败虏"是高潮处，"恨未能使匹马不回耳"是平复处。末节"故且养兵休卒，蓄锐待敌，嗣当激励士卒，功期再战"是兴起处，"北逾沙漠，蹀血虏廷，尽屠夷种，迎二圣，归京阙，取故地，上版图"是高潮处，"朝廷无虞，主上奠枕，余之愿也"则是平复处。文章措字简直，及连缀成文，便自有气往来其间，读之令人心潮澎湃。之所以有这种观感，正是因为文章有呼吸感，暗含律动。

物效法道体之动态，则无不得其心，得其完整的体段，得其运动之态，得其节奏，得其律动之态。万物之气一无邪妄，唯是以自身效法道体，故而天然之物无不因此而具足这些特征，是所谓"诚者，天之道也"。人类创造艺术品，却不能不照顾其体段之完整、形式之运动、节奏之稳健、内容之波动等，或殚精竭虑而后得之，是所谓"思诚者，人之道也"。

艺术品对道体静专动直之态的彰显，本章讲议不少，然所论之要点，则可引孔子之一语以蔽。《论语》言：

> 子语鲁大师乐。曰："乐其可知也。始作，翕如也。从之，纯如也，皦如也，绎如也。以成。

所谓"翕如也"，一似人对音乐之开端的处理手法，或是渐强淡入，或是虚悬数小节伴奏，或是先演奏数小节旋律然后引入人声，凡此都是"始作，翕如也"。非止音乐之开端必以"翕如也"为美，舞蹈、戏剧、电影之类皆然。音乐既然兴起，则当继之以"纯如也"，所谓纯如也，就是呈现出主旋律而一无染杂，艺术品的主线至此明晰，故而"纯如也"是艺术品的发展部分。艺术品不断发展，则必将发展至于高潮，是所谓"皦如也"，皦是光亮之意，艺术品发展到此地宜自我超越，一跃登天而进入白热之境，它是音乐的华彩部分，此时密集的音符与绮丽的乐句将令人目不暇接；它也是戏剧的集中冲突部分，此时每份感情都要一场宣泄，每件矛盾都要一个了断。高潮之后，艺术品又须趋于和缓，虽则趋于和缓，它其实又不失发展，好似抽丝般连绵不绝，是所谓"绎如也"，这也是艺术品的结束部分。艺术品的结尾有绎如之态，则言有尽而意无穷，可给人余音绕梁之感。

　　凡言音乐，其艺术形式之为运动，其运动之有节奏，都不待言。音乐经由"翕如也""纯如也""皦如也""绎如也"四种演变，其整体便在时间中呈现由兴起而高潮，又由高潮而平复的律动之态。"翕如也""纯如也""皦如也""绎如也"四阶段看似不同，然而不同之中有一以贯之者，一以贯之者便是音乐之心，"翕如也"是音乐之心的翕如，"纯如也"是音乐之心的纯如，"皦如也"是音乐之心的皦如，"绎如也"是音乐之心的绎如。音乐经由"翕如也""纯如也""皦如也""绎如也"然后"以成"，所谓"以成"，就是作品因此而得其完整体段，再无遗略。

# 至疾

　　道体生发至疾，众物也效法道体的至疾特征而呈现其生发的快慢形容，一物越是彰显道体的至疾特征，其物就越美。

　　说一物生发越快便越美，人或不以为然，因为生活中的相关体验并不多见，之所以缺乏相关经验，首先在于生发迅疾的物类本来就颇少见——它们的生发过于迅疾，所以其类也常顷刻便生发殆尽，一如天、地、水、火、风、雷、山、泽八物之中，总以雷为最罕见。

　　除此之外，人的感官也自有诸多局限，它同样会影响人对迅疾之美的拾取。就目力而言，尽管万物时时都在向外界释放着自身，然而当一物生发得过快，人眼便难以察觉其动，如光极快，其类在人眼中却是静止之态；同样，当一物的生发过于缓慢时，人眼也难以察觉其快慢形容，譬如草木的生发。与此同时，人眼也无法看见细微之物，譬如杯中的水时时蒸发，人对其快慢形容却只视而不见。

　　又有些时候，一物的作用迅疾，它也确然因迅疾而多了一份美，但在人眼中，此物的美却反倒削弱了——因为当一物作用迅疾时，它在人眼中便将丢失细节，人也因此难于确知此物对道体其他特征的彰显情况。譬如飞速掠过视野的小猫，其眼色、花纹之美全都模糊不清，它固然较安静时平添了一份迅疾之美，人眼的所得却未必能偿其所失。

或有人问："说一物的生发越迅疾便越美，这一点可以理解，譬如家用水龙头与高压水龙头喷出的水、普通打火机与防风打火机喷出的火，两相比对，后者确实皆有一种前者所不具备的迅疾之美。然而，所举小猫的例子却又不同，猫的运动固然迅疾，这份迅疾却不是猫之生发的迅疾，猫之跑跳的快慢既然不属于根本形容范畴，是否还可以说它因迅疾而美？"

猫之跑跳的快慢不属于根本形容范畴，然而，这一现象却本乎猫的生发作用，或者说，若没有猫对道体生发作用的彰显，这类快慢现象就不可能呈现。故而说，猫之跑跳的快慢仍是物对道体至疾特征的彰显，区别仅在于它并非主动彰显，而是被动彰显——被动的彰显也是彰显。因此不妨说，只要一物作用快，不论这个快是物的根本形容还是因根本形容而呈现的形容，其快都有美可观。

就动物而言，当野马开始奔跑、猎豹开始驰逐、鹰隼开始俯冲、旗鱼开始破浪之时，因为展示了自身的迅疾，它们都将使人产生一种新的美感。反之，慢吞吞的动物如大象、乌龟、蜗牛、树懒之类，其类的美丑固然不只系于动作迅疾与否，但动作迟缓总是其丑的一源。

生活中的迅疾之美也处处可见，交通工具如车辆、摩托、飞机、船舶之类，它们行驶得越快，其迅疾之美便越凸显。就电子游戏而言，动作游戏、射击游戏、竞速游戏总是游戏类型中的主流，因为人们能在这些游戏中体验到生活中难得体验的速度感，与此同时，对迅疾之物的审美也在其中。就细节而言，电子游戏中常常运用到残影、动态模糊等视效，这些视效在现实世界中并不存在，但它们能够有效地表现人物的迅疾，故而不止电子游戏，摄像、摄影、动漫之类也常要运用这些效果。

及就体育观之，体育项目中最具观赏性的总是那些追求速度的项目，如赛跑、赛马、赛车、体操、滑冰、拳击、游泳、击剑以及各种球类等，它们的规则不同，却无不有迅疾之美可观，不谙门道的观众也乐于欣赏。又如同属田径项目，短跑之所以比长跑好看，长跑的冲刺阶段之所以比中间阶段好看，投标枪之所以比掷铅球好看，理由也不外此。反之，不甚追求速度的运动项目如高尔夫、举重、竞走、冰壶之类，它们当然也有其门道，但外行人常会因为其类缺乏迅疾之美而觉得无甚可观。至于围棋、国际象棋、桥牌之类与速度全无关涉的项目，人们甚至觉得将其列为体育项目颇不合适。

于人而言，若是动作迟缓、反应迟钝，人的迅疾之美必定因此削弱。然而，与前面所举的猫的例子一样，人体的动作一旦过于迅疾，其在目力所及的范围内便将丢失细节，人同样不以为美。譬如舞蹈动作若是过于迟缓，其迅疾之美便不足以凸显；舞蹈动作若是过于迅疾，观众又无法看清演员的舞姿。

除了欣赏迅疾之美，人也乐于体验迅疾之感，如奔跑、骑马、冲浪、兜风之类，迅疾之感越强，人便觉得越畅快。人之所以能从迅疾的运动中得到畅快之感，因为不论主动还是被动，当人的迅疾程度得到大幅增益时，此时的人体也成了更能彰显道体至疾特征的存在，哪怕只是被动地彰显，人仍能从中得到快乐。于人而言，这份快乐极单纯，其来处却极深远，因为众物之志都是尽其所能地以自身效法道体，人也并无二致。

就艺术形式而言，静止的艺术形式本身无法体现迅疾之美，它们只能通过对运动的模拟来表现它，如延时曝光的摄影作品或带有动态模糊效果的绘画。真正有快慢形容可观、确然为人展示迅疾之美的只有运动的艺术形式，不过，在文学、音乐、戏剧等有动态可观的艺术形式中，人们易于察觉其形式的生发，却难以察觉其形式之生发的迅疾，甚至艺术品的发展变化一旦被人觉察出快来，这份快便已成了问题，譬如人才觉出一首歌唱快了，同时就会觉得这首歌因此不美了。

有这种体验，因为人们通常并未意识到一件事情，那就是艺术品之生发，或者说艺术品的发展变化本身远比真实的事物要快。譬如一部人物传记与其人数十年的人生、一场五幕历史剧与其所描绘的历史本身、一部电影的时长与故事本身的时间跨度相较，前者的生发可能要比后者快上千万倍。换言之，这些艺术品的快慢形容早被作者调到了相当快的程度，快到除了作者想要展示的内容之外，其他内容全都因此消失了。自然之物的生发越迅疾便越美，艺术品的发展变化也须迅疾，但艺术品不是越迅疾便越美，因为艺术品的迅疾总要以丢失内容为代价，这就是为什么"名著精缩本"永远不如名著本身好看；与电影本身相较，电影简介永远不能成为艺术品。

出乎形式，就艺术品的内容而言，不论是一段旋律还是一个镜头，尽管它们也是一旦过于迅疾便将因此而削弱其他面向的美，但艺术品中仍不妨有专门展示迅疾之美而不计所失的部分，甚至对一个体段稍大的艺术品而言，没有这样的内容，其所呈现的美的类型便有遗略。

譬如小说永远不缺乏细节描写，但小说同样也有寥寥数笔便写尽数年人事的段落，小说内容的详处便是其生发的缓慢处，其内容的略处便是其生发的迅疾处。舞蹈中同样常有快速段落，当快速多变的舞姿纷至沓来，观众不可能拾取其全部的美，但这份目不暇接本身就能为人带来美不胜收之感。就音乐而言，越是大部头的音乐，其中出现快速段落和华彩段落的可能性就越大，甚至有以迅疾为主要审美倾向的音乐类型，譬如摇滚乐中的速度金属等，这些流派的乐手大量使用双踩、轮指、扫拨、点弦等技术，目的就是让音乐演奏得更快，这种音乐的迅疾无出其右，其所失也常在于举一废七。

就电影而言，动作电影并非人人喜爱，但其中的动作场面却是雅俗共赏。动作场面之所以吸引人，主要在于它展示了人物的迅疾，譬如武打片中的拳脚身法、剑戟片中的兵刃对抗、西部片中的枪手对决。就战争场面而言，旧式战争电影虽不乏宏大场面，但其类对战场的刻画却总不理想，它们很难令观众紧张。《拯救大兵瑞恩》的战争场面之所以能新天下耳目，正在于它向人们展示了战争场面的迅疾，譬如电影中开创性地加入了大量的曳光弹效果，机枪扫射的迅猛变得肉眼可见了；对爆炸的处理亦然，电影不再重视巨大的火球和滚滚浓烟，而是重视飞溅的泥土和碎石，后者总比前者更加迅疾可畏。凡此种种变革加上手提摄像机的快速晃动，观众便有了身临其境之感，其审美体验也大段提升。

# 不已

　　道体生发不已，众物也彰显道体的不已特征而呈现其持久形容，一物越是彰显道体的不已特征，其物的生发便越持久，它也就越美。

　　譬如恒常照临繁星与一闪而过的流星、持续数秒的闪电与倏忽即逝的闪电、连绵不绝的泉水与断断续续的泉水、喷发持久的烟花与光焰短暂的烟花、经久不散的烟圈与顷刻散尽的烟圈，两相比对，前者的作用皆更持久，也较后者多了一份持久之美。

　　凡物皆有持久形容，不过，对于通乎众物的这一根本形容，人往往难见其全。有些时候，一物的生发作用并不昭著，人对其持久形容便视而不见，譬如人总因为不曾目睹一块石头的生发而以为它并未生发，更不会意识到其生发有持久形容。又如看一棵树，人固然知道其类生发持久，但知道不等于目睹，人同样会因为不曾目睹它的持久形容而无法感受其持久之美。有些时候，一物的生发作用可谓昭然在目，但人仍不足以尽见其物的持久形容，因为人注意一物的时间终究有限，譬如太阳的存在比人更长久，因此人一生都没法见到太阳的持久形容之全。

众物的生发作用越持久便越美，众物的特殊作用也无二致。如前所论，天地间的特殊作用无不本乎生发作用，因此，天地间的持久现象也无不间接地彰显了道体的不已特征，它们也因此有美可观。

就物的特殊作用而言，飘摇而下的雪花比直直降落的雪花美，猎猎翻卷的旗帜比时而掀动的旗帜美，连成长串的鸟鸣比单声的鸟鸣美，拖着长音的猫叫比短促的犬吠美，平滑流畅的画面比频频卡顿的画面美，稳定行驶的汽车比走走停停的汽车美，机枪连发时比点射时美。

就儿童游戏而言，纸飞机滑翔得越久、肥皂泡飘荡得越久、陀螺旋转得越久、皮球弹跳得越久、打水漂的石头跳跃得越久，人们便越以之为美。小孩子都喜欢气球，气球之所以美，不止在于其形象色彩，还在于它总是悠然飘荡，其运动比其他球类更为持久。

于人而言，人的行动也皆以流畅为美。人说话若是结结巴巴、走路踉踉跄跄，或者因年老而肢体僵硬、因疾病而动作不连贯，其持久之美都将因此折损。同样，一气呵成的舞蹈动作之于断断续续的舞蹈动作、有条不紊的钢琴指法之于时常卡壳的演奏，凡此都以前者为美。

众物的生发越持久便越美，艺术品也无二致，其形式与内容皆然。虽则如此，艺术品的持久形容却仍不能全无节制，因为人的精力有限，没法欣赏过于持久的艺术品。

就静态的艺术形式而言，其类在人眼中既然呈现静态，人们便无法目睹它们的生发作用，也不足以目睹其持久形容，故而静态的艺术形式只能模拟运动之物的持久。譬如建筑、雕塑与绘画都是静止之物，然而，当观者随作品的线条而游目时，原本静止的线条也产生了相对运动，仿佛也呈现了持久形容。故而，造型艺术的线条总以绵长为美，希腊雕塑家对人体线条和长袍褶皱的青睐便基于此；反之，造型艺术的线条若是短促、截然、频频间断，其美便必定折损，譬如许多标榜现代风格却看似支离破碎的建筑。

就运动的艺术形式而言，譬如长篇小说之于短篇小说、多幕剧之于独幕剧、一部交响乐之于一首艺术歌曲、一场舞剧之于一个舞蹈节目，它们若在其余的审美面向上都无分别，就必定以形容持久者为美。

或有人问："此处所举的例子，固然都是艺术品的持久与短暂之别，然而，这个持久与短暂之别，似乎同时也是它们的体段大小之别。譬如长篇小说较短篇小说的发展更为持久，人们因此而称其为大部头著作；相较于普通长度的电影，三个钟头的电影发展更持久，人们也因此说后者更大；就动态的艺术形式而言，其持久形容与大小形容似乎只是一件事？"

以电影为例，一部电影的持久形容较好理解，它就是电影发展变化的持久程度。电影的大小形容则较难理解，想要明确其所指，先要知道电影的大小不是电影拷贝的大小，拷贝只是电影的载体，它不是这件艺术品的一部分。作为艺术品的电影或者人们通常所说的电影乃是一个虚拟之物，所谓虚拟之物，就是似是而非的假物，它们无法独存，必定借载体以呈现自身。

艺术品中有真实之物，也有虚拟之物，前者可以是一个酒杯、一幢建筑或者一场舞蹈，后者则可以是一个人物雕像、一首音乐或者一部电影。作为真实之物的艺术品必定具足八个根本形容，尽管人未必能见其八形容之全，但少一个根本形容，其物便不可能存在。作为虚拟之物的艺术品则未必然，尽管它们也有虚拟出来的根本形容，但其所虚拟出来的根本形容未必齐全。譬如一幅花鸟图，人当然可以说它只是一轴纸，但这轴纸不是艺术品本身，它只是艺术品的载体。作为艺术品的花鸟图是一件虚拟之物，因为画中的花鸟都是假物，画中的花不败、鸟不惊，它们没有持久、迅疾等根本形容，因此它们是不完整的、静态的虚拟之物。

就作为虚拟之物的电影而言，电影的大小形容固然不是拷贝的大小，它同样也不是电影中全部人物与场景的集合，因为电影中的全部人物与场景从未同时呈现过。一如物的大小形容只是人当下所见的物之大小，电影的大小形容也只是观众当下所目睹的这个虚拟之物的大小。譬如电影中有人物众多的大场景，也有一人一室的小场景，这些就是电影的大小形容。尽管电影是虚拟之物，但电影的大小形容与众物的大小形容一样，它们都时时呈现、时时变化，电影的持久形容则不然，人必须到电影结束时才能得见其全。电影是如此，动态的艺术形式也无不如此，故而说，艺术品的大小形容和持久形容必定各有源流，并行不悖。

艺术品以持久为美，在电影中也最能见到人们对持久之美的追求。譬如电影画面至少要保证二十四格，帧数一旦更低，画面便不连贯，如此非止画面不真实，它也会让观众失去美感。反之，现代电影追求更高的帧率，其目的正在于使人获得更强的美感和真实感。电影中的长镜头之所以为人津津乐道，不止因为它体现了导演的调度能力和演员的技巧，还在于它本身也较一般镜头更富持久之美。至于电影由以淡入淡出的黑场、镜头之间的叠化效果、片尾播放的音乐、暗藏的彩蛋之类，凡此也都是对持久之美的实现。

就文学而言，文章固然必有结尾，其结尾却同样宜给人悠长之感。最为常见的小说结尾是淡出式结尾，譬如人所喜爱的《了不起的盖茨比》的结尾——"于是我们奋力前划，逆流向上的小舟，不停地倒退，进入过去"。这段话的译法之所以千差万别甚至彼此矛盾，因为其表意本来就十分含糊，这份含糊却又十分恰当，因为它本来就不是谱子上的一个音符，音符都已经弹完，它只是一个听不太清却绕梁不已的回音。

有些时候，人们也反其道而行之，当小说的主要情节已经交代完毕，在恰当的时候戛然而止也能造成言有尽而意无穷的效果，它仍能呈现一种持久之美。当下所讲的故事尽管已至尾声，但故事中的人物却仍有各自的未来，因为中止得截然，所以书中的人物全都活着，他们甚至因此而永远存在，而读者只是失去了他们的消息。最糟糕的处理方式，莫过于以潦草的笔触在结尾交代每个人物的结局，这种处理方式看似比戛然而止更持久，它却使故事彻底终结，让每一个人物都无法继续存在。

音乐无形，和数字或者卦象一样，它只是一串串由声音组成的象，也正因为它无形可见，人对其持久之美的体验也更直观。

如就声乐而言，一似帝舜所谓"歌永言"，不论是唱歌、唱戏还是吟咏，它们都是拉长了的语言，语言一旦拉长便牺牲了信息密度，它却也因此而获得了持久之美。唱歌不止较说话为悠长，表演者还常在一首歌的高潮或结尾部分将一个音拖长到极致，这个音延续得越久，观众所获得的美感便越多。与之相较，说唱音乐也是一种音乐类型，但其中的人声却不是唱歌。

就器乐而言，演奏舒缓的旋律固然悠扬而有持久之美，当演奏华彩乐句时，音符虽然密集数倍，却通常不会因此而出现更多的间断，这也是对持久之美的一种保障。众多乐器之中，二胡、提琴之类最易动人，原因之一就在于它们延音悠长，在长久的延音中，艺术家可以通过推揉琴弦等细微动作来表达情感，这也是电子合成器的声音纵然绵长却不动人的原因。除此之外，二胡、提琴之类的音头音尾都不显著，每一个音都莫知其所自起、莫知其所自终，这种淡入淡出的音色同样能给人绵长之感，人会觉得其声音比实际听到的更长。钢琴音域宽广却缺乏延音，以之演奏简单乐句则必有空洞之感，因此，钢琴曲的编写往往华丽繁复，这是为了弥补其天然的缺憾。与之相似，古典吉他延音不足，故而编曲皆复杂，及发展为电吉他而有绵长的过载效果之后，即便只有一两个音的布鲁斯乐句也不致给人寡淡之感。也有一些并不追求悠长，反以频繁间断为特色的音乐类型如放克音乐、雷鬼音乐等，这些音乐类型之所以不追求旋律之悠长，因为它们必须以牺牲声音的连续性来成就更为鲜明的节奏。

一如《论语》所谓"绎如也"，音乐总要有休止，但音乐是抽象的艺术，它不适合像电影或者文学那样戛然而止，一旦戛然而止，其美就必定消煞，故而音乐的结尾部分必须给人以连绵不绝之感。对音乐结尾的处理，录音师或选择让歌曲在高潮的反复呈现中渐弱，或选择在主旋律结束后仍保留数小节伴奏，这类淡出的处理会让人觉得只是自己与音乐的距离越来越远，但这首歌从未停止过。就音乐中每一个音的处理也是如此，为了不使它们听起来太干，录音师常用混响或延时效果来润饰它们，这些效果会使它们的尾音变得更长、衰减得更自然，它们也因此而更美。

孔子记述所观乐舞言："师挚之始，《关雎》之乱，洋洋乎盈耳哉。"就义理而言，则《关雎》本是夫妇之正、王化之源，周人不以《韶》《武》，而以《关雎》作为音乐会的终章，这是取原始思源、必敬必戒之意。自艺术角度观之，这种安排亦极高明，《关雎》虽是音乐会的结尾曲，它却能使音乐会由当下的盛大溯洄至遥远的起点，终止处既然指示着肇端处，那么它便永无终止，因此，即便音乐本身已经消逝，它也仍"洋洋乎盈耳哉"。

# 美 感

《礼记·孔子闲居》言：

> 天有四时，春秋冬夏，风雨霜露，无非教也；地载
> 神气，风霆流形，庶物露生，无非教也。

天地万物的形色与变化包含着一种最高知识，在人能拾取与否。然而，若无意深玩万象所以然之故，只是直观天地万物本身，它仍含着一种不言之教。说它是一种教，因为世界正以其美感动着人、启迪着人。

眼能见万物而难于自见，心能知万物而难于自知。眼要自见，须是借镜反观；于心而言，一心之外的万物就是照见人心的镜子，尽管它们或大或小，或清晰或模糊，它们却都能由不同侧面使人心认识到自己从未认识的那一部分。

万物皆有美可观，人们赖以判断美丑的知识，就是乾道之知。

譬如乍见一道倏忽即逝的闪电，闪电之美，主要在于它彰显了道体的至疾、至大、至生、至纯特征。闪电远在天际，其

迅疾、巨大、纯粹与丰沛的生机也自在闪电之上，与人并无关涉，然而人才一见到闪电，心便要调动知识去识别它，在以坤道之知识别它的同时，人也将因为乾道之知的存在而意识到闪电大段彰显了道体的特征。不止如此，在乾道之知层面，人们还知道道体是万物所共通的形上部分，于是，人心也由此加深了一种认识——闪电不是我，但这闪电所彰显的，却是我所本具的，而那个因无形而不可见而一直不被心所察觉、重视的人之大本，它至少像眼前的闪电一样迅疾、巨大、纯粹且丰沛，它还可能比这道闪电更迅疾、更巨大、更纯粹、更丰沛。

闪电之美可谓超绝，然而闪电对道体八特征的彰显程度也自有限，如其对道体不易特征的彰显不如一块石头，对道体不已特征的彰显也不如一点烛火，甚至那些闪电之所以美的地方，它的迅疾、巨大、纯粹、丰沛与道体的至疾、至大、至纯、至生特征仍无法相提并论。闪电是如此，万物也是一样，众物的根本形容能彰显道体八特征，它们却永远无法与道体八特征相提并论。

尽管如此，当人们仰望闪电时，却仍好似在仰望着自己的一部分，这一部分本无可见，如今经由闪电这片镜子的折射，它变得略为可见了。于人而言，人自身总是那个最大的谜题，而万物之美就是对这一谜题的揭示，因为它们都是能映出人之大本的镜子，它不是言传之教，而是用真实的形象指示它。

雪莱曾为阿尔卑斯山的景色所倾倒，然而在致友人的信上，他把阿尔卑斯山的美视作自己的美，他说："这一切都像我们自己，像我们在别人心头留下的壮阔印象。"诗人虽不长于论证，其直觉却十分爽利，因此他可以不由论证地直接企及美感的本质。约翰逊也曾给斯雷尔夫人提到过一位热内亚大公的风度——在这位大公出访法国期间，当被问及对路易十四的宏伟宫殿有何观感时，他回答说，他眼中所见的正是他自己。

其实不必雪莱或者热内亚大公，人人都必有类似的体验，对此，人们只是难以言表或者不敢说出来。因为在乾道之知层面，人心都知道自己的形上部分，只不过这种知道太模糊、太难以置信，人世间的全部常识都排斥它，唯有美是对这一知识的印证。人心能从这些各异的镜子中照见自身的影像，这些影像不完整亦不精确，但它们能让人心意识到自己的真身本相，人心一旦意识到自己是什么，他心就开始是它了，一似火苗发为烈焰，人心也一跃而趋于完善。

因此，纵然有毕生习气的牵掣，美也有能力让人心豁然开朗，尽管这一感受常常倏忽即逝、乍见又失，但在这短暂的时间里，它能使人在清醒中再醒来一次。一似冰川发觉自己并非只是水面之上的那一部分，受美的指引，人心对自己不敢小觑了，人心所熟悉的自己原来只是自己的枝末，它其实不是那个孤立、私小、迷惘、暗弱的存在，一似虚悬的雨滴融入大海，人心在审美中得以体会到它与伟大心灵的共通之处，体会到它与庸众之心的共通之处，体会到它与天地万物的共通之处。于是人一时间知道了自己是谁，也因此而知道了更好的、更是自己的自己该是什么样。

或有人问："尽管人们可以通过判断阴阳的能力意识到乾道之知早已存在于心中，但是，只此似乎仍不足以肯定人心不能用别的东西，只能以乾道之知作为衡判美丑的尺度。"

人类衡判美丑的尺度之所以一定是乾道之知，可以从三个角度分别说明。

其一：美只是物对道体八特征的彰显，这一点在前面章节已经言之颇详。由这一实情则可以肯定，除了乾道之知中关于道体八特征的知识，任何一种知识都不足以衡判一物是否彰显了道体八特征，因此，没有乾道之知，人便没有审美能力。

其二：人心衡判美丑，必定需要相关的知识。在人的全部知识中，坤道之知虽众，它们却都是关于物的知识，亦即那些由审美对象所提供的知识。一似当事人的证词不能充作法官的宣判，这些知识也不能再用来衡判作为审美对象的众物，因此，能衡判审美对象的知识不能是关于物的知识，只能是关于道的知识，亦即乾道之知。

其三：对美丑的衡判，古今中外可谓大同小异。因为各人的身心差异，所以人们的审美趋向各有不同，与此同时，人类的审美趋向又必有大段的同然之处。人们常常强调人类审美的小异处，却往往忽视人类审美的大同处，一似人常以为环肥燕瘦，各有其美，其实环肥燕瘦虽殊，二人的相似处反倒最多，否则便不至于皆为国色。目之于色，之所以"有同美焉"，因为它由乾道之知所判断，亦即由唯一通乎古今中外之人的知识所判断。

人或又问："人见一朵花便心觉可爱，倘若如前所论，则人必定是先衡判了花的美丑然后兴起美感。不过就心灵经验而言，却是兴起得美感然后才知其物为美，其过程一如《大学》所谓的'如好好色'，才一见到美的东西，心便好之，并非一番思量而后知其为美。"

见到一朵花，人要调动坤道之知认识它，与此同时，人也要调动乾道之知衡判它。只不过，不论调动乾道之知还是坤道之知，调动知识的过程都不会在人心地留下痕迹，它们是人心思虑的一部分，却是心在它无法自觉的层面所完成的工作。在无法自觉的层面，人心认识到这朵花彰显了道体的特征，于是在心灵可以自觉的层面上，人便体验到了美感。

审美活动始于人心的不可自觉层面，衡判美的工作在这一层面完成，然后在可以自觉的层面才能感受到美感。然而，在人心可以自觉的层面，其体验却正好颠倒，人们总是先从一物上获得了美感，才由此而确知此物之美。故而说，以为人是动念去判断一物之美丑然后兴起美感，以为人是通过是否兴起美感来判断一物美或不美，两种见解都不正确。

格物是人类天生的本领，审美则不然。在乾道之知尚未成形以前，人对美丑并无感觉，譬如婴儿固然好奇，他们的审美能力却极弱。到儿童阶段，人才拥有了相对稳定的审美能力，只不过，此时人们的审美视野仍极偏狭，如男孩多喜爱枪炮、女孩多钟意玩偶，他们对彼此以为美的东西却不以为意，儿童对自然景色的感受也远不如成人强烈，更不必说艺术品了。儿童孜孜于格物，故而他们留意的是趣味而并非意味，只有到青少年阶段，人们对美才开始敏感起来，往昔那些不曾留心的东西原来充满了魅力，于是人们才开始贪婪地追求美，尽管这些美本身可能并不高级，但青少年从一件粗制滥造的艺术品中获得的美感往往比鉴赏家从艺术精品中获得的美感更多。可惜的是，大多数人也在这一阶段就达到了审美能力的巅峰，因为此时人们已由漫然格物积累了一定的知识，其乾道之知已然成型，他们的心灵也还未受到种种错误知识的污染。及进入中年阶段，因漫然格物而获得的知识早已大段重复，人借此而获得的新知越来越少，旧有的知识则渐被忘却，与此同时，成人世界的俗知谬见也将开始侵蚀人们的知识体系。故而说，人若不致力于学，大抵才过青年阶段，其审美能力便要退化。

一如柴越多火便越高，人的坤道之知越丰富，其乾道之知的结象就越明晰，由此也可以说，一个人有多少真见识，他便有多大的审美能力。《论语》载："子在齐闻《韶》，三月不知肉味。"注家常以为"三月"太过，当是"三日"之误，其实未必，孔子有一颗最具审美能力的心，常人实难测度他的审美能力究竟到了何等程度，何况其人所欣赏的又是来自另一颗最具审美能力的心灵的作品。

# 美感与快感

于人而言，美感与快感似乎自有区别却又夹缠不清，许多时候，人们很难说清心下的体验是美感还是快感；说不好其体验的哪一部分是美感、哪一部分是快感。

不知道如何区分美感与快感，人便会误认它们。高峻之士常误以为美感只是快感，由此或陷入"不涂饰香鬘、不自歌舞亦不观听歌舞"这种宗教式的自律之中，志在高蹈而行在苦节，为谋上进而自绝本源，如此只能使一心趋于枯槁之地而不自知。

其在庸碌之人，又每每认为快感便是美感，于是他们不会试图汲取美以滋养心灵，只是一味倒向熟悉的嗜欲境地，问平生之志则不知有他，唯在"食前方丈、侍妾数百、驱骋田猎、后车千乘"而已，其行径虽与高峻之士相反，一心将趋于枯槁境地则不二。

由此，美学家一直致力于区分美感与快感，其所得也各有旨趣。

或有人说："分别二者不难，一如人无不以彩虹为美，却未必皆以吃辣为乐。美感与快感之别，在于美感具有普适性而快感无普适性，一者公共，一者私人，二者的区别自极分明。"

这一说法不然。就美感一面言之，见天边彩虹，或许人人都能兴起美感；听一首交响乐，何至于人人皆以为美？就快感一面言之，则吃辣的快感固无普适性，搔痒的快感岂无普适性？其实就个人而言，美感与快感皆无普适性，此人以听交响乐为赏心乐事而彼人不为所动，此人以吃辣为快意而彼人避之不及，因为各人总有生理、心理上的差异。与此同时，又可以说大多数的美感与快感都有普适性，因为人类的身心皆在变动之中，因此也可以趋同，故而人今日以交响乐为冗长乏味，来日换一种心境或许就能得其佳处；同样，人今日唯恐吃辣，数年后却可能无辣不欢。

或有人说："美感与快感的分别，在于兴起美感时人不占有审美对象，当获得快感时，人却必定占有审美对象。譬如看广告展示的钻戒只有美感，唯有自己做了它的主人，才能涌起快感。"

这种说法也不然。广告中的钻戒固然能予人美感，及人拥有它时，人何至于只有快感而竟无美感？依其说法，则得到美感时人并未占有钻戒，得到快感时他又占有钻戒了——对钻戒既占有又不占有，未免自相矛盾。这种说法的错误，在于不知道美感与快感可以同时并兴。

或有人说："美感与快感的分别，固然不在占有与否，与其说占有不占有，不如说美感无功利性而快感有功利性。譬如诗人见天鹅会兴起美感，因为彼此无功利关系；猎人见天鹅却会兴起快感，因为其物与自身有功利关系。"

这种说法也有问题。猎人纵然志在猎获，当其见到天鹅时，也绝不至于竟无美感，美感与快感在猎人身上既然可以同时并兴，则猎人与天鹅间既有功利性又无功利性，这便失于矛盾了。同时，这一说法也把"功利"看小了，美感固然不会带来充饥止渴、发身发财的功利，但功利也不止于充饥止渴、发身发财而已。美感荡涤习染、鼓舞心气、使一心趋于完善，它何尝不大有功利于人？乞丐家里也未必寻不到一盆花，因为和求饮食以养身一样，人也有以美来养心的本能。

或有人说："一如听音乐常有余音绕梁之感，回味饮食却不能止人饥渴。美感的特征，在于它可以凭空回味，快感却须依赖外界的刺激——刺激才断，快感也就消失了。分辨美感与快感，须从这里着眼。"

这种说法也不足深论。一首五言诗可以毫无折损地凭空回味，及让人去回味一首歌，此时能回味的大概也只有音色、旋律和歌词，至于唱腔的细节、乐器的伴奏、录音的效果之类总不能一时并出。一首歌尚且难以回味，如果试图回味更为复杂的艺术如戏剧、电影之类，这回味只能愈发力不从心、略近于无了。至于说快感无以回味，这也与生活经验相悖，曹孟德便利用人对快感的回味而使出望梅止渴的计策来，至于饥者回味饮食之滋味、贫者回味昔日之荣华，凡此都是人对快感的回味，只是这回味同人对美感的回味一样，它们总嫌太过模糊，难以让人重临其境。

或有人说："于外物，人或兴起美感，或兴起快感，这是因为人们所用的感官不同。唯有耳目这种高级感官可以获得美感，鼻、舌、肌肤之类的低级感官只能得到快感，譬如眼睛能看到玉器的色泽纹理，所以眼睛能得到美感，触觉无法感受玉器的色泽纹理，它唯能得到一种平滑温润的快感。"

这一说法也有问题。人见玉镯觉得美，是心觉得美，岂是眼觉得美？一心能获得美感也能获得快感，心是高级感官还是低级感官？眼睛只是连通人心与玉镯之间的门户，门户敞开，心上才能获得美感，眼睛是如此，耳、鼻、舌、身也无不如此，外物的声色、味道、质地之类，须经由感官才能为心所知觉，心有所知觉，然后才可能产生美感。其实不止耳目，感官皆能识取美感，只看人能细心分辨与否。譬如一盏好酒固能给人解渴、陶醉的快感，然而在此快感之外，人又会觉得它比寻常的酒更馥郁、更纯净、余味更悠长，这份感觉便是美感。玉器也是如此，人或常在手中把玩玉器，把玩玉器有何快感可言？唯可拾取其美而已，触觉所感受到的光滑与坚硬，正是玉器对道体至纯、不易二特征的彰显。

前述种种区分美感与快感的方式，可以说是各有见处，其过失却也一般不二。譬如要解开缠作一团的两条绳子，自当寻绎各自的端绪再入手，不能只就看似分别显著的地方强拉扯，如此虽有近效可收，却终究徒劳而害事。各家说法都不是从美感与快感的本源上见出分别来，只是从中间一截讲起，因此也只能得到些一隅的灼见而不足以通乎万物。

如前所论，所谓美感，只是人心受美的指示而骤然趋于完善的感受。快感与美感的区别正在于此——快感不是因为心趋于完善，而是因心以外的事物趋于完善而兴起。简单来说，则美感源自心的完善，快感源自心外众物的完善。

搔痒、打喷嚏、伸懒腰、擤鼻涕、掏耳朵、去除结痂之类，它们都伴有快感，因为此时身体正由不甚完善的状态趋于完善。至于焦渴中得到一杯水、饥饿时得到一餐饭，其类的快感更强烈些，因为身体趋于完善的程度更大。

瘾君子吸毒有快感，这不是因为人体有了毒品才完善，而是因为其人的身体对毒品已有依赖性，故而相较于常人，其肉体少了毒品的成分才不完善。吸毒是如此，酗酒、嗜烟之类亦然。

宗教家静坐日久，武术家站桩得力，其人将时或出现一种定境，倏忽之际，身体好似突然星散，一心沉静安详，好似融释于天地之间，确有"虚空破碎、大地平沉"之感。不知缘故者，每每以为是开悟见性，又因其体验而升起信心，由是堕入空寂之道而不返。这种定境其实只是人体气脉通泰而呈现的快感，它是肉体趋于直遂的高级形式，却也只是快感而已，即便纯要享受这个快感本身，它也可遇而不可求，因为这种感受不全系于人，它必值天时地利而后可能呈现。

肉体的快感是一种正面感受，它也实无一种导人堕落的属性，然而，轻视嗜欲之人又是人之常情。之所以如此，因为对嗜欲之人的轻视不是对快感的轻视，而是轻视其人之养一指而失肩背，只求肉身之完善而以一心为轻，是所谓"以小害大、以贱害贵"之人。一体的快慰何尝有害？汲汲于一体之快慰才有害；富贵名望又何尝有害？志在于富贵名望才有害。

开快车有一种速度感，此时固然是车快，这份快感其实也因自身趋于完善而兴起，因为此时的汽车乃是人体的延伸，这也是为什么只有驾车者最能享受这一快感而乘车者可能深恶痛绝。同样，用机关枪扫射一气也颇痛快，因为此时枪械也是人体的延伸，人的力量、速度一时得到了增益，人也因此而变得更加完善了。

因肉体完善而兴起的快感可以说是生理快感，但快感并不止于生理层面，肉体之外仍有无尽事物，即便并无耳目之官的直接体验，只要心之所系的事物趋于完善，心官就能得到快感。因一身以外的事物趋于完善而兴起快感，这种体验也不鲜见，譬如农夫凝望着丰收的麦田、艺术家完成了满意的作品、投资者看见股票上涨、国家打了胜仗等，凡此都给人以快感。

身外之物不可胜计，固不至于每样事物的完善都给人以强烈的快感，因为于具体的人而言，万物总有远近亲疏之别，而越是为此人所重视的事物，当它趋于完善时，人从中获得的快感就越大。如球迷看自家支持的球队获胜，他可能兴奋得在电视前欢呼雀跃，球队获胜与他有什么关系？球又不是他进的，然而这支球队是他在乎的东西，所以他自有休戚与共之感。当此之时，球迷的妹妹很可能会冷眼旁观，因为她觉得哥哥是个傻子，然而，当妹妹在电视上看到偶像大放光彩时，她可能也要欢呼雀跃了。兄妹二人重视的东西不同，从其所重视之物上获得的快感却无二致。

　　美感若足够强烈，它会带出快感来，如听歌听到有味处会身体酥麻，读书读到振奋处会汗毛倒竖，这是"志一则动气"。反之，快感不论多强烈，它都不会带出美感来，因为快感中不会突然呈现一物供人去审美，如泡温泉自有快感，其快感却止于一体之熨贴而已，不会因此而使人得到一种审美对象。

　　艺术品以提供美感为主，如《基督山伯爵》中，主人公成功越狱并展开复仇的情节令人痛快，这份痛快却是快感而非美感，故而就文学艺术的角度观之，其书的流品终不甚高。艺术品也可以给人快感，就像厨师做好肉食后不妨缀以配菜，然而，正如肉食之所以为肉食不在于它有没有配菜，艺术品之所以为艺术品也不在于它能给人多少快感。如《兰亭集序》，不识字的人都可能为之倾倒，它不给人快感，却仍是最好的艺术品；反之，旨在给人快感的作品即便有些许美感，它们也不算艺术品，只是娱乐品。

　　区分一件作品是艺术品还是娱乐品，只看它给人的美感多还是快感多。如就小说而言，武侠小说、侦探小说、科幻小说之类可能都好看，其内容也可能比纯文学更富于想象力和刺激性，然而，此类作品既然以提供快感为主要目的，它们就不能称为文学，只宜称为读物。名分之辨之所以必严，因为非此便不足以给艺术品留下自己的空间，美感和快感不一样，所以艺术品和娱乐品也不一样，它们都有意义，但它们一个提升人、一个取悦人，二者既非同源，所以须是井水不犯河水。

文学和读物由同样的文字连缀而成，画作和广告牌由同样的色彩描绘而成，经典音乐与俗词滥调由同样的音阶排列而成，组成它们的材料诚然不二，但材料不二不等于它们就是同类，一如钻石和煤炭自有贵贱之别，人若因为它们都由碳原子构成便认定它们是一类，那他就是把钻石丢进煤堆的傻子，当钻石被混入煤堆，最宝贵的东西便消失在凡庸之中了。

　　在人类历史的大部分时间里，艺术品和娱乐品可谓泾渭分明。然而近二百年间，娱乐品开始悄然演变，好像昆虫学上的仿生亚种，它们与艺术品渐渐变得难以区分了。尽管娱乐品只能给人快感，但当它们把自己打扮成艺术品时，它们非止因此而显得更具格调，甚至作为一件娱乐品，其类其实并不娱人的缺点都将被隐藏起来。在这股洪流之中，唯有真正的艺术品失去了位置，人们在畅销书中找不到它们，在音乐榜上找不到它们，在电影院里也找不到它们，若不肯背对人群去独自寻找，人便永远不会知道它们的存在，而生活中不请自来、充塞视听的只有娱乐品，那些寿命通常只有半年到五年，数量却比艺术品多亿万倍的东西。

　　非止艺术品的生存空间被压缩，艺术品自身也渐渐被娱乐性侵蚀，也就是说，不仅娱乐品看起来越来越像艺术品，艺术品也变得越来越像娱乐品了。曾经，所有的艺术品都以美为上，人们评价艺术品并无第二个标准——它好因为它美，它不美所以它不够好。如今，人们为艺术品确立了一种新的标准：文以出奇为优，画以夺目为贵，曲以上口为佳——只看它是不是更能给人快感。经过这样一番改造，艺术品就从人该踮起脚尖去企及的存在变成了一种躺下享受会更舒服的东西，艺术品被改造成了娱乐品，一种用过即废的生活用品。

这种大规模的僭越是商业社会使然，和所有领域发生的变化一样，随着资本在不断渗透中反客为主，艺术领域早已变成了艺术产业领域。商人以逐利为本分，其产品自然是受众越广便越能获利，所以打从一开始，商人们就没打算把少数精英视为受众，而是把受众锁定在庸众这个最大的消费群体上。

如果说精英指那些不断趋于健全的人，庸众就是那些可以健全的人。人并非生而懂艺术，人类中的大多数尚且平庸，仅仅因为他们能感受更多美的心灵还在沉睡，因此，人是庸众未必可耻，人一直是庸众才可耻。说人是庸众，这固然是对人的责备，商人却拿人不当人，他们只把庸众视作抽象的顾客而不在乎他们都长着心。

为适应庸众的口味，商人们必须把艺术品的美纷纷剔除，尽可能地塞入那些给人快感的东西。在这一主旨的裹挟下，艺术家纷纷从近乎圣职的存在沦为手工业者，曾经的文学家变成了写手，曾经的画家变成了设计师，曾经的音乐家变成了驻棚乐手，他们无暇再为人类的心灵负责，只能埋首在各自的作坊里完成订单。他们的工作就是变着法儿地取悦庸众，一如医生不再给病人开药而是给他们糖吃，而庸众又常以为令自己快乐的那个就是好的那个，以为良药就是吃起来甜的那个。

人或以为商业时代委屈了精英，但它至少令庸众受惠，其实不然，庸众才是商业社会最大的受害者，因为这种社会唯能令精英孤独，却足以令庸众长不大。

尽管如此，世间仍有一些纯粹的艺术家，他们就好似残存于沉船中的气泡，这些分布在黑暗中的气泡最好什么都别做，因为才一动弹，它们就将被深海的浮力排挤出去。艺术家若想把自己的艺术成果展示给世人，他们的作品必须先由出版公司、唱片公司、画廊经理按时下风行的口味进行改造，在这种规则之下，荒诞的事情发生了——因为庸众的欣赏能力有限，所以艺术家造诣越高便越难得志，其作品越美便越难推广。一个人可以成为音乐家，他也可以去做个文学家，即便在今日，也没什么能阻止人成为优秀的艺术家，但艺术家若想让更多人接触到自己的艺术，他就应该放下手里的工作去整容、去琢磨怎样在媒体上把话说俏皮。

商人不会推崇真正的艺术家，他们见识卓越，也因此无由被庸众理解。商人所尽力推崇的，乃是人群之中的小人之雄。所谓小人之雄，就是那些只有三流艺术水准却善于夸夸其谈的人物，他们的见识其实只比庸众高一点点，因为唯有如此，庸众才有可能见到他们的高明处，进而甘心追随他们。这些人够聪明，因此他们能够讲出庸众的心声；这些人又不够聪明，因此他们故步自封，并无脱俗上进之可能。庸众常因不擅思考而善良，精英则因擅于反思而善良，小人之雄与二者不同，他们有所思却未至于得，有所见却未至于全，见识不济而又以取悦庸众为利，因此这类人几乎无不流于奸恶，是所谓"心达而险、行辟而坚、言伪而辩、记丑而博"者。然而，也唯有这些人可能搔得到庸众的痒处，因此不论他们以声色夺人耳目，还是以邪说混淆视听，商人都要大肆推广，或造星，或造势，无所不用其极。

庸众对商人的安排之所以照单全收，因为从艺术品中获得美感必须经过训练，从娱乐品中获得快感却不消任何训练。

庸众难以振拔于平庸，因为他们早已习惯被讨好，习惯每天动动手指从商人给定的廉价快乐中再选择几样。在这种虚假的选择自由之中，人们常常感觉不到自己，人们也对此感到恐惧，于是他们靠追逐时尚来彰显个性，却并未意识到接受时尚的塑造本身就是对个性的摧残，这些最需要艺术品的人，就是那些最没耐心去接近艺术品的人。

最终他们得来的所谓个性，其实只是一些流行的人格缺陷，而真正值得追求的个性不是那些看似漂亮的伤口，它本该是懦夫像豪杰的那一部分，而是凡夫像圣人的那一部分。

进入艺术的审美之域并不容易，它需要人投入大量的精力和时间，亦即交出一部分生命给它。而那些真正美的艺术品，它们又永远是带有一层硬壳的东西——艺术品的流品越高，它的硬壳就越厚。山不会俯身接人，它们也从未转身避人，艺术品亦然，人若不肯努力接近它，那只是人在拒绝它。人类可能见识的最高的美只在艺术之中，想要得到它，人就要有很长的一段路要走，一路上，人得去截击闪电、摔倒雪崩、撕开龙卷风、把咆哮的巨浪叱回大海——自己不变得足够好，艺术品的硬壳就打不开，而当人们开始能欣赏某件艺术品的时候，正是其心灵开始接近艺术家心灵的时候。